GRöLS
Verlage

„Bücher sind wie Fallschirme. Sie nützen uns nichts, wenn wir sie nicht öffnen."

Gröls Verlag

Redaktionelle Hinweise und Impressum

Das vorliegende Werk wurde zugunsten der Authentizität sehr zurückhaltend bearbeitet. So wurden etwa ursprüngliche Rechtschreibfehler *nicht* systematisch behoben, denn kleine Unvollkommenheiten machen das Buch – wie im Übrigen den Menschen – erst authentisch. Mitunter wurden jedoch zum Beispiel Absätze behutsam neu getrennt, um den Lesefluss zu erleichtern.

Um die Texte zu rekonstruieren, werden antiquarische Bücher von Lesegeräten gescannt und dann durch eine Software lesbar gemacht. Der so entstandene Text wird von Menschen gegengelesen und korrigiert – hierbei treten auch Fehler auf. Wenn Sie ebenfalls antiquarische Texte einreichen möchten, finden Sie weitere Informationen auf www.groels.de

Viel Freude bei der Lektüre wünscht Ihnen das Team des Gröls-Verlags.

Adressen

Verleger: Sophia Gröls, Im Borngrund 26, 61440 Oberursel

Externer Dienstleister für Distribution & Herstellung: BoD, In de Tarpen 42, 22848 Norderstedt

Unsere „Edition | Werke der Weltliteratur“ hat den Anspruch, eine der größten und vollständigsten Sammlungen klassischer Literatur in deutscher Sprache zu sein. Nach und nach versammeln wir hier nicht nur die „üblichen Verdächtigen“ von Goethe bis Schiller, sondern auch Kleinode der vergangenen Jahrhunderte, die – zu Unrecht – drohen, in Vergessenheit zu geraten. Wir kultivieren und kuratieren damit einen der wertvollsten Bereiche der abendländischen Kultur. Kleine Auswahl:

Francis Bacon • Neues Organon • **Balzac** • Glanz und Elend der Kurtisanen • **Joachim H. Campe** • Robinson der Jüngere • **Dante Alighieri** • Die Göttliche Komödie • **Daniel Defoe** • Robinson Crusoe • **Charles Dickens** • Oliver Twist • **Denis Diderot** • Jacques der Fatalist • **Fjodor Dostojewski** • Schuld und Sühne • **Arthur Conan Doyle** • Der Hund von Baskerville • **Marie von Ebner-Eschenbach** • Das Gemeindekind • **Elisabeth von Österreich** • Das Poetische Tagebuch • **Friedrich Engels** • Die Lage der arbeitenden Klasse • **Ludwig Feuerbach** • Das Wesen des Christentums • **Johann G. Fichte** • Reden an die deutsche Nation • **Fitzgerald** • Zärtlich ist die Nacht • **Flaubert** • Madame Bovary • **Gorch Fock** • Seefahrt ist not! • **Theodor Fontane** • Effi Briest • **Robert Musil** • Über die Dummheit • **Edgar Wallace** • Der Frosch mit der Maske • **Jakob Wassermann** • Der Fall Maurizius • **Oscar Wilde** • Das Bildnis des Dorian Grey • **Émile Zola** • Germinal • **Stefan Zweig** • Schachnovelle • **Hugo von Hofmannsthal** • Der Tor und der Tod • **Anton Tschechow** • Ein Heiratsantrag • **Arthur Schnitzler** • Reigen • **Friedrich Schiller** • Kabale und Liebe • **Nicolo Machiavelli** • Der Fürst • **Gotthold E. Lessing** • Nathan der Weise • **Augustinus** • Die Bekenntnisse des heiligen Augustinus • **Marcus Aurelius** • Selbstbetrachtungen • **Charles Baudelaire** • Die Blumen des Bösen • **Harriett Stowe** • Onkel Toms Hütte • **Walter Benjamin** • Deutsche Menschen • **Hugo Bettauer** • Die Stadt ohne Juden *und viele mehr….*

Emil Ludwig

Mussolinis Gespräche mit Emil Ludwig

Inhalt

Erster Teil.
Aus der Schule eines Regierenden

Einleitung

Das Dokument

Die folgenden Gespräche wurden vom 23. März bis zum 4. April 1932, fast täglich etwa eine Stunde lang, im Palazzo Venezia zu Rom in italienischer Sprache geführt und sogleich darauf deutsch von mir niedergeschrieben; nur wenige Sätze sind aus meinen früheren Gesprächen eingefügt worden. Das deutsche Manuskript wurde Mussolini vorgelegt und von ihm an allen Stellen, die ihn selber redend einführen, nach seinem Gedächtnis nachgeprüft. Seine eigenhändigen Abänderungen bestehen in dem ganzen, mir wieder vorliegenden Manuskript in 18 Worten und in der Streichung einiger Sätze. Dieser ins Italienische zurückübersetzte Text wurde ihm gleichfalls zur Durchsicht vorgelegt. Der deutsche dient gegenwärtig zur Grundlage für alle Übersetzungen.

Von fremdem Material wurde nichts benutzt; doch bin ich Margherita Sarfatti für manche Anregungen aus ihrer Biographie verbunden. Es finden sich im folgenden auch keine Anekdoten, von denen Rom erfüllt ist, noch Mitteilungen seiner Mitarbeiter, die aufschlußreiche Züge erzählen. Die Gespräche enthalten nur das, was gesprochen wurde.

Über den Parteien

Das Mißtrauen gegen den Diktator lebte in mir bis vor etwa fünf Jahren. Manche italienischen Freunde waren Gegner des Regimes, und wenn ich durch Italien fuhr, blinkten mir Uniformen, Fahnen und Embleme entgegen, deren Glanz ich in Deutschland endlich im Westen untergehen sah, während eine neue Morgenröte im Osten ihre Wiederkehr erschreckend schnell ankündigte.

Drei Umstände veränderten meine Anschauung. Die Begriffe Demokratie und Parlamentarismus fingen an zu vernebeln, Zwischenformen schoben sich vor, das politische Leben in den überkommenen Formen wurde von innen ausgehöhlt, bedeutende Männer fehlten. Zugleich sah ich in Moskau und in Rom großartige Dinge materieller Art sich erheben, das heißt, ich erkannte die konstruktive Seite dieser beiden Diktaturen. Drittens führten mich psychologische Erwägungen zu der Annahme, daß der römische Staatsmann trotz mancher Reden wahrscheinlich keine Kriegspläne hege.

Entscheidender als diese Gedanken wirkte die Beobachtung der Persönlichkeit. Als ich gewisse Züge zu erkennen glaubte, die mich an Nietzsches Ideenwelt erinnerten, löste ich ihn im Kopfe von seiner Bewegung ab und fing an, ihn als besonderes Phänomen zu betrachten, wie ich dies mit Männern der Geschichte immer getan.

Das Lächeln der Realpolitiker verwirrte mich so wenig wie der Groll der Parteimenschen meiner Kreise. Der kleinste Charakterzug ist mir zur Erkenntnis eines Menschen wichtiger als die größte seiner Reden, und wenn es sich um einen omnipotenten Staatsmann handelt, führt dieser Zug mich auch der Prognose seiner künftigen Taten um einen Schritt näher. Tages- und Parteipolitik, das heißt die beiden Formen, in denen Menschen ohne Phantasie die Gegenwart betrachten, sind mir fremd; ich habe nie einer Partei angehört und würde mich nur in die Antikriegspartei einschreiben, wenn es eine gäbe. Die Ereignisse des letzten Jahrzehntes haben in mir die Überzeugung gefestigt, daß es kein absolut bestes System gibt, daß vielmehr verschiedene Völker zu verschiedenen Zeiten verschiedene Systeme der Regierung brauchen. Als Individualist par excellence wäre ich niemals Faschist geworden, trenne aber von diesem persönlichen Punkt die Erkenntnis ab, daß diese Bewegung für Italien Großes geleistet hat. In Deutschland dagegen erscheint mir eine ähnliche Bewegung verhängnisvoll; über die Gründe findet sich etwas im IV. Teil der Gespräche. Überdies fehlt der deutschen Bühne durchaus ein Darsteller der Hauptrolle.

Die Stellung eines parteilosen Beobachters wird mir durch das Faktum erleichtert, daß ich Ausländer bin. Als französischer Autor unter Napoleon hätte ich wahrscheinlich auf der Seite Chateaubriands abseits gestanden, während ich ihn als Deutscher auf der Seite Goethes bewundert hätte. So zieht mich auch die Gestalt Mussolinis unabhängig von den Parteien und von den beiden Fakten an, daß er den Vertrag von Versailles bekämpft, aber Südtirol italianisiert. An die Stelle des Dilemmas, in das diese Umstände die Herzen der deutschen Faschisten versetzen, tritt bei mir die künstlerische Betrachtung einer außerordentlichen Persönlichkeit.

Erste Begegnung

Als solche erkannte ich ihn bei der ersten Begegnung. Als das Kapital sich über ihn zu ärgern anfing, und als seine äußere Politik das Provokatorische zu verlieren schien, näherte ich mich ihm. Im März 29 widmete er mir zwei Unterhaltungen, später sah ich ihn wieder. Jedesmal war ich vorbereitet und brachte ihn auf die entscheidenden Fragen, in denen wir kontrovers standen: Freiheit und Pazifismus. Dabei wurden zwischen der faschistischen Orthodoxie und den Auffassungen des Glaubensgründers die Unterschiede und Spannungen deutlich, die jede große Bewegung ertragen muß; auch fand ich meine Erfahrung bestätigt, die in der historischen Analyse dem gesprochenen Worte mehr Bedeutung gibt als dem geschriebenen. Im Zwiegespräch entwickelt sich der Mensch natürlicher, besonders wenn er dabei von jeder Pose frei ist, wie Mussolini, dessen Zerrbild in der Welt die Photographen auf dem Gewissen haben.

Schon bei diesen ersten Begegnungen suchte ich weniger zu erforschen, wie Italien zu seinem Führer und wie dieser zu den Italienern stand; ich fragte mich, ob Europa von diesem, niemand verantwortlichen und darum persönlich mächtigsten Manne der Gegenwart Eroberung oder Konstruktion zu erwarten habe. Wurde dieser Schüler Nietzsches, dieser Anarchist und Revolutionär von seinem Dämon in der Richtung seiner

Jugend weitergetrieben? Oder entwickelte sich seine Natur im Besitze der Macht zur Konsolidierung dieser Macht? Schien er geneigt, die Lehre Nietzsches zu vergeistigen oder zu vergasen?

Aus diesen staatsphilosophischen Unterhaltungen entstand der Plan, sie systematisch aufzubauen und das, was bisher dem Spiel des Augenblickes überlassen war, in methodischer Form zu befestigen; aus dem Freiballon wollten wir ins Flugzeug steigen. Die Aufgabe war, Höhe und Leichtigkeit zu erhalten. Da keine Behörde, auch kein Sekretär in Erscheinung trat, wurde keinerlei schriftliche Abrede getroffen, es wurde nicht einmal die Vorlage des Manuskriptes gefordert; alles hatte die Form des persönlichen Vertrauens.

Ort der Handlung

Wie eine Festung mit gedrungenem Turme, so steht das gelb-braune Massiv des Palazzo Venezia auf dem großen Platze mitten in Rom, zu Füßen des Kapitolinischen Hügels, zur Rechten des modernen Riesendenkmals, dessen schneeweißer Marmor vielleicht in hundert Jahren genügend Patina erworben haben wird, um durch die Farbe weniger zu stören und die Formen dann erträglicher zu machen. Der Palazzo ist grade 500 Jahre alt. „Das Kleinod ist durch manche Hand gegangen." Die Päpste, die ihn bauten, haben ihn im 17. Jahrhundert der Republik Venedig übergeben, von dieser hat ihn das österreichische Kaiserhaus bekommen, und nach hundert Jahren, 1915 hat das inzwischen erstandene Königreich Italien es den Österreichern wieder weggenommen. So haben Päpste, Könige und Condottieri in diesem Palaste regiert, der an Wucht, Ausdehnung und Macht der Mauern vielleicht alle Paläste Roms übertrifft und sicher an Größe der Säle.

Draußen, vor dem stets geöffneten Doppeltore halten zwei Soldaten der Miliz die Wache, und der lange, silberbetreßte Portier fragt, was man will. Der Eintritt ist leicht, denn zu der im Halbstock gelegenen Archäologischen Bibliothek hat jeder mit einer Karte Zutritt, und wer könnte sich eine solche nicht verschaffen? Ein Attentäter hat es getan.

Abends habe ich viele junge Leute dort bei den Katalogen gesehen. Die steinerne Treppe ist oben durch eine Gittertür abgeschlossen, aber zuweilen fand ich sie offen. Niemand kann sagen, daß dies Hauptquartier des Duce, in dem er täglich etwa zehn Stunden verbringt, bewacht sei, wie es einst die Schlösser der Könige waren.

Oben ist ein halbes Dutzend Säle und Zimmer mit Geschmack neu hergestellt worden; die Böden mit ihrem alten Kachelwerk, die Decken aus schwer und bunt geschnitzten und angerauchten Balken, die Fenster mit ihren eingebauten Steinbänken sind hier wie in jedem römischen Palazzo das schönste. Die Räume, herrlich in ihren Maßen, sind leer, nur ein alter wuchtiger Tisch steht meist inmitten und an den Mauern Stühle, die niemand benutzt. Von den gelb, orange oder mattblau bespannten Wänden heben sich die beleuchteten Bilder: Madonnen, Porträts, Landschaften von Veronese, Mainardi; in einem Stück Affresco sieht oder bestreitet man einen Jüngling von Raffael.

An den Mauern glänzen gläserne, von innen beleuchtete Truhen, in denen kostbare Majoliken bis zurück zum 13. Jahrhundert, steingeschmückte Madonnen und Priestergewänder, Stickereien und geschnitzte Heilige ausgestellt sind, und ein byzantinischer Kasten aus Elfenbein hat über tausend Jahre. Wenn aus einem dieser leuchtenden Kästen die ältesten rauchfarbenen Gläser von Murano schimmern und Schalen und Pokale aus grünlichgoldenem Glase, und der Blick fällt von ihnen auf die Gewalt dieser Mauern, die sich in den Fensternischen darstellt, so denkt man an die zarten und geschmückten Frauen, die sich die Herren dieser Festung einst zwischen Hellebarden und Speeren hereingeholt haben, bis eine oder die andere den Condottiere vergiftete. Da blicken auch schon die Waffen durch die gespannte Türe herüber: drohende Ritter ohne Köpfe, graublau schimmernd wie heranziehende Gewitter, Rüstungen in ihrer grotesken Leere, und vor ihnen ruhen in einem großen Kasten Schwerter und Dolche, und neben der Riesenwaffe mit festem Griff, mit der man den Bären jagte, liegt das geschmückte Schwert der Gerechtigkeit.

Wird man hereingebeten, so bemüht sich der oberste von den Dienern selber an die große Türe. Er ist auch schon „Cavaliere“, durchaus eine Figur aus der Opera Buffa. Öffnet sich aber die Tür, so glaubt man eher in einer Landschaft zu stehen, als in einem Zimmer.

Dieser Saal, in dem Mussolini seit einigen Jahren seine Arbeit verrichtet, in Front zur Piazza gelegen, heißt der Saal der Mappa Mundi, denn hier war ehedem der erste hölzerne Globus aufgestellt. Mitte des 15. Jahrhunderts ist der Saal gebaut, dann verfallen, jetzt erneuert. Dieses Ministerkabinett ist 20 Meter lang, 13 breit und 13 hoch. Zwei Türen führen aus der Querwand des Einganges, eine aus der andern Querwand hinein, eine lange Wand ist durch drei Riesenfenster mit ihren Steinbänken, die andere durch gemalte Säulen aufgelöst. Dieser Saal ist vollkommen leer, weder Tische noch Stühle sind aufgestellt, auch nicht an den Wänden; in den Ecken stehen hohe Fackeln, deren vergoldete Flamme die elektrische Lichtquelle verdeckt. In weiter Ferne, als sollte man ein Opernglas zu Hilfe nehmen, erkennt man an einem Tisch unter der Lampe umrißweise den Kopf eines Mannes, der schreibt.

Tritt man die Wanderung durch den Saal an, so erblickt man zunächst eine reichgeschmückte Decke, die in großen Reliefs den Löwen von San Marco und die Wölfin von Rom trägt. In der Mitte der riesigen Längswand, den Fenstern gegenüber, ist groß das Wappen der drei Päpste angebracht, die den Palast gebaut haben. Während man auf dem erneuerten Fußboden vorwärtsschreitet, erblickt man in seiner Mitte ein fast lebensgroßes Mosaik mit nackten Frauen und Kindern, die Früchte tragen: das ist die Abundanzia, und ich habe immer einen kleinen Bogen gemacht, um sie nicht zu treten; schließlich, in der hinteren Ecke auf einem Teppich einen etwa 4 Meter langen Tisch, vor dem zwei Savonarola-Sessel einander gegenübergestellt sind. Nahe davon, an der Wand steht auf einem hohen Lesepult ein moderner Atlas. Europa war aufgeschlagen. Darunter liegt ein Florett. Auf der andern Seite reicht der Tisch bis zu einem mächtigen eingebauten Kamin, der kalt ist wie der Marmor, der ihn einfaßt.

Hinter diesem Tisch, in seiner Mitte sitzt Mussolini, den Blick auf den Saal und gegen die Fenster gerichtet. Keinem seiner Beamten kommt er entgegen, aber jedem Fremden. Auf dem Tische vor ihm herrscht die pedantische Ordnung jedes echten Arbeiters; da er bei sich keine Reste duldet, umfaßt eine schmale Mappe alle laufenden Dinge. Hinter ihm auf einem Tischchen liegen Bücher, die er grade braucht oder liest, und drei Telephone blinken herüber. Um sich her hat er auf dem völlig schmucklosen Tische, auf dem nur ein bronzener Löwe steht, die Utensilien eines Schreibenden in musterhafter Ordnung um sich versammelt. Was von ihm ausgeht, ist das nämliche, was von dem Saal ausgeht: die Gelassenheit eines Wesens, das viel erlebt hat.

Die Gespräche

In unseren Gesprächen, die sämtlich an diesem Tische gegen Abend stattfanden, würde man erschöpfende Debatten über die angeschlagenen Themen vergeblich suchen; *mein Zweck war einzig, Mussolinis Charakter* in vielfachen Spiegelungen zu erkennen und darzustellen. Der Charakter der Gespräche liegt in der *Polarität der Redenden* begründet. Lange hatte ich sie vorbereitet, überlegt, wie ich meine Anschauung der seinen gegenüberstellen, wie ich ihn herauslocken und trotzdem der Gefahr einer schweren „Diskussion" entgehen könnte, die jedes Gespräch tötet. Er wußte, daß ich in zwei Hauptfragen am andern Ufer stehe und von dort nicht wegzubringen bin, aber grade das mag ihn gereizt haben. Darüberhinaus war ich zu dem Kunstgriff geneigt, einige Widersprüche zu übertreiben, um ihn in seiner Replik um so deutlicher zu hören. Dann aber mußte ich auf jede Duplik verzichten, denn sonst wären wir nie zu Ende gekommen, und eben weil er mir keinerlei Grenzen der Zeit gesetzt hatte, mußte ich darauf sinnen, die seinige nicht zu mißbrauchen. Auch hat es einen gewissen Reiz, meinem Leser seine Parteinahme zu überlassen, die nach seinen Grundideen verschieden sein und auch in einzelnen Fragen schwanken wird. Also behält in diesen Dialogen niemand recht. Die Probleme werden aufgeworfen, nicht gelöst.

Ich habe Mussolini als historische Figur empfunden, und da mir vollkommene Freiheit zugesichert war, ihn nicht anders befragt, als ich's mit solchen gewohnt bin. Hier kann ich einen Unterschied zwischen Lebenden und Toten gar nicht empfinden. Als ich Edisons Hand ergriff, dachte ich, das ist Archimedes, und mit Napoleon habe ich hundert lange Dialoge geführt, bevor ich ihn darstellte. Im Falle Mussolini trat freilich die Antithese häufiger hervor, ja man könnte diese Gespräche auch als den Dialog der *gerüsteten Staatsraison* mit einem *kriegsfeindlichen Individualismus* bezeichnen. Die Gegensätze sind groß, sogar seine Bildung ist eine andere als die meine. Unser Treffpunkt ist Nietzsche, der in den Gesprächen noch häufiger auftauchte als in ihrer gedrängten Wiedergabe.

Was ich studierte, war im weitesten Sinne *sein Charakter*. Da aber hier alle privaten Dokumente wegfielen, da ich von diesem lebenden Menschen in wirklichen Gesprächen viel weniger Intima erfragen konnte, als aus den Briefen Bismarcks oder Lincolns, kann ich diesen Charakter nur in den Facettierungen darstellen, die ein rein geistiges Gespräch aufzeigt: Versuch einer indirekten Charakteristik. Wer in der Frage, welche Musik ein Staatsmann liebt, nur eine Spielerei sieht, hat die Kunst der Analyse nicht begriffen; in Wahrheit werden solche Dinge entscheidend für die Taten eines Mannes. Die Unkenntnis der Welt über Bismarcks innere Welt hatte das falsche Bild von dem Reiteroffizier geschaffen, das ich durch ein neues zu ersetzen strebte. Im Falle Mussolini versuche ich es schon heute, um durch ein anderes Bild Anschauungen und Befürchtungen der Mitwelt zu verwandeln. Dabei konnte ich mich nur an den Mann von gegen Fünfzig halten, der vor mir saß. Ging ich in seine Vergangenheit zurück, so geschah das weder, um Widersprüche aufzuzeichnen, wie sie jeder bedeutende Mensch zwischen 30 und 50 preisgeben muß, noch auch, um sein Wesen von einst zu studieren; dazu hätte es einer Biographie bedurft. Bei meinem Glauben an die Logik jedes Schicksals ist eine solche von einem, im Dritten Akte des Lebens stehenden Manne noch nicht zu schreiben. Über die Person Mussolinis hinaus möchte ich im folgenden Beiträge zur Erkenntnis des homo activus im allgemeinen geben und aufs neue zeigen, wie Dichter und Staatsmann verwandt sind.

Deshalb sind diese Gespräche, mögen sie politischer, historischer, moralischer Natur sein, doch *immer nur psychologische* Gespräche, und auch dort, wo einige reale Fragen gestellt und beantwortet wurden, war der geheime Zweck stets der, die Charakteristik des Mannes zu vervollständigen. Vergebens wird man nach Sensationen fischen; die hohe Stille dieses Mannes und dieses Raumes haben dem Gespräch eine bestimmte dunkle Note und einen großen Ernst gegeben. Will man das Meer ausloten, so muß es vor oder nach dem Sturme von einer wellenlosen Fläche aus geschehen. Meine Unabhängigkeit und die Toleranz des Befragten gaben mir volle Freiheit der Rede und forderten eben deshalb taktvolle Vorsicht.

Dabei mußte ich diesen mächtigen, aber nervösen Löwen immer bei Laune halten, er durfte sich keinen Augenblick langweilen. Auch hatte ich vor diffizilen Fragen historische Umwege zu machen, einen theoretischen Ton anzuschlagen und ihm zu überlassen, ob er dann mitten in das Problem vorstoßen wollte. Zudem mußte ich mit 150 Kilometer die Stunde fahren, wollte ich in kurzer Zeit mein Programm abwickeln. Die Anspannung dieser Stunden, in denen ich das Gehörte mir zugleich in meine Sprache übersetzen mußte, erzeugte, ich gestehe, große Müdigkeit, und ich habe die leise Hoffnung, daß der andere auch etwas müde war. Ich kam wie ein Jäger nach Hause, der viel geschossen hat, aber erst bei Ausbreitung der Strecke weiß, wieviel Volltreffer darunter sind.

In all diesen Stunden wurde kein überflüssiges Wort gesprochen. Mussolini schloß die Unterhaltung sehr höflich, aber nach der Uhr, und sie wurde 24 Stunden später genau an derselben Stelle fortgesetzt. Das völlige Fehlen jeder Klingel, jedes Sekretärs, also jeder Störung erzeugte in dem riesigen Saal eine Stille, wie man sie sonst nur am späten Abend im vertraulichen Gespräch zuweilen erobert, um geistige Dinge durchzusprechen. In früheren Jahrhunderten mag in diesem Saale musiziert, getanzt, intrigiert, geflüstert und geschmeichelt worden sein, Könige und große Herren zeigten hier ihre Macht; wenn sie aber philosophierten, zogen sie sich in kleine Räume zurück, denn der Festsaal war alltags geschlossen. Seit drei Jahren ist in diesem Saal die Existenz von 42 Millionen Menschen geleitet worden; aus tausend kleinen Entscheidungen, die ein Tag nach dem andern gleich Blättern aufeinanderschichtete, wurde das Buch dieser Schicksale gebildet. Der Geist der Päpste, lebend in ihren Wappen an der Wand, der Löwe und die Wölfin an der Decke mögen beim ersten Gespräch mit Verwunderung aufgehorcht haben, bis sie sich in die Ruhe ihrer Jahrhunderte wieder zurückzogen, um zu schlafen.

Wiedergabe

Meine erste Aufgabe nach Abschluß der Gespräche war, sie in der Niederschrift weder zu schmücken noch zu verlängern. Ich habe sie vielmehr gekürzt und mich jeder Dramatisierung enthalten; der Faschismus hat ohnehin zuviel davon. Besonders zog mich die indirekte Form der Charakteristik an, die zwischen meinen dramatischen und biographischen Arbeiten liegt. Dabei ließ ich die auf- und niederschwebende Tonfolge der Gespräche bestehen, auch wenn ihre später eingefügten Titel zuweilen eine straffere thematische Führung dem Leser versprechen. Es schwebte mir etwas vor, wie das Gespräch Goethes mit Luden, das längste Goethe-Gespräch, das wir besitzen, eines der schönsten, weil hier nichts auf Eckermannische Weise stilisiert ist, und weil Opposition und Gedächtnis des Unterredners eine große Frische erzeugt und erhalten haben. Ich zeichne also nicht das Bild des Mannes, denn dazu müßte ich die Gespräche vorweg ihres Hauptinhaltes berauben; diesmal soll sich der Leser selber das Bild machen.

Die zweite Aufgabe hieß, möglichst zurückzutreten, weil der Leser Mussolini hören will und nicht mich, der überdies andere Gelegenheiten hat, seine Anschauungen auszubreiten. Noch weniger durfte es mir darauf ankommen, gegen ihn recht zu behalten: ich wollte der Welt zum erstenmal *den Mann des Handelns als Denker* und wiederum den Zusammenhang zwischen seinem Handeln und seinem Denken zeigen.

Denn der Hochmut der vom Handeln Ausgeschlossenen und die Zerstreutheit der Menge haben den abstrusen Glauben verbreitet, der handelnde Mensch denke so wenig, wie der denkende handelt. Ein künftiger Historiker könnte in diesen Gesprächen Material finden, wie Roederer es uns über den Ersten Konsul geboten hat. Dort finden sich ebensoviele Kontroversen, und man erfährt auch dort, wie der Diktator zu seinen Taten kam und über sie dachte, was beides zur Erkenntnis des menschlichen Herzens wichtiger ist als die Taten.

Meine Lage war von der Lage der verschiedenen Eckermanns von Grund aus verschieden. Diese haben jahrelang mit den Männern verkehrt und aufgefangen, was sie sagten; ich habe den Mann nur während zweier Wochen auf demselben Stuhle vor mir gesehen und mußte alle Anregungen geben, statt sie zu empfangen.

Da er beständig am Faschismus interessiert ist und ich am Problem Krieg und Frieden, so finden sich über diese beiden Hauptthemen keine Kapitel, denn sie sind in allen enthalten.

Jeder meiner Leser wird in den Gesprächen etwas anderes vermissen. Die jungen Leute, die gern Diktatoren werden wollen, erwarten vergebens eine Anleitung für heranwachsende Condottieri; andere werden eine Darstellung des Faschismus suchen, und ich bitte sie, die einschlägigen Bücher der Fachleute zu lesen, die den Gegenstand und zugleich den Hörer erschöpfen. Gewisse Leserinnen werden ein Kapitel über das Liebesleben des Helden vermissen oder doch wenigstens erfahren wollen, wie er wohnt. Strenge Sozialisten werden die Stellen anstreichen, an denen ich ihn als richtender Historiker vor die Dokumente seines Abfalls hätte laden müssen. Die deutschen Professoren der Geschichte werden sich verächtlich von einer Darstellung abwenden, die „im leichten Plauderton über die schwierigsten Dinge hinweggleitet“ und das Buch nicht einmal durch Angabe der Stellen verschönt, wo die von mir zitierten Sätze aus Mussolinis Reden hergenommen sind. Die Phänomeneologen werden das Fehlen ihrer Nomenklatur und die dadurch verschuldete Gemeinverständlichkeit schwieriger Fragen tadeln. Alle Welt wird erklären, eine große Gelegenheit sei nutzlos vertan.

Mein Partner

Seit 25 Jahren hatte ich den homo activus umkreist und dramatisch, historisch, psychologisch vorzustellen unternommen. Jetzt saß er mir gegenüber. Der Condottiere, den ich einst in einem dieser römischen Palazzi dargestellt hatte, Cesare Borgia, Held der Romagna, schien mir wieder erstanden, auch wenn er beständig sein dunkles Jackett mit schwarzer Krawatte trug und hinter ihm das Telephon hervorblinkte. Im selben Saale, der Männer seiner Art in ihren Triumphen und ihren Zusammenbrüchen gesehen, sah ich jetzt den Nachkommen eben dieser Männer vor mir sitzen: ganz Italiener, ganz Renaissance. Im ersten Augenblick war ich von den Gefühlen dieses Gleichnisses verwirrt.

Dabei hatte dieser aktive Mann die denkbar passivste Rolle angenommen. Er, der seit zehn Jahren befiehlt, während die andern Rede und Antwort stehen, hatte sich freiwillig in die Lage versetzt, einem andern fortlaufend Auskunft zu geben, und zwar nach dessen Sinn und Absicht. Er hatte nur einen Zettel mit allgemeiner Übersicht über meine Themen gesehen. Eine niemals schwankende Geduld und Ruhe auch bei schwierigen Fragen, das völlige Fehlen eigener Direktiven, an die er doch sonst gewohnt ist, bewiesen mir seine innere Sicherheit. Auch gab er nie eine sogenannte vertrauliche Antwort, brauchte also in meiner Niederschrift so gut wie nichts einzuschränken.

Und doch war er bei seinem äußeren Gleichmaß dauernd auf dem Qui vive. Ich war vorbereitet, er war überrascht, und da es sich seltener um Fragen drehte, die ihm schon andere gestellt haben mochten, meist um Gefühle, Selbsterkenntnis, innere Motivation, so mußte er im gleichen Augenblicke die Antwort suchen, formulieren und sie überdies in den Grenzen fangen, die er der Welt gegenüber einzuhalten wünschte. Diese erstaunliche Meisterschaft im Denken und Reden wird aber von ihm niemals instrumentiert: er braucht weder den Superlativ noch eine laute Stimme. Er hörte sich meine Skeptica gelassen an und gab keine einzige Antwort, die für die große Schar seiner Schmeichler bestimmt war: niemals sagte er das vorgeschriebene Faschisten-Stichwort. Auch hätte er ein Dutzend „napoleonischer“ Antworten für Mit- und Nachwelt stilisieren können, aber man wird keine drei in den Gesprächen finden. Auf etwa 400 Fragen gab er mit unerschütterlicher Ruhe Bescheid. Nur eine einzige, die eigentlich unmöglich war und die sich hier nicht findet, beantwortete er nur mit einem großen Blicke, der sagte: Du siehst doch, daß ich schweigen muß!

Ich weiß recht wohl, was alles er mir verschwieg. Aktive Männer sprechen über die Macht mit derselben Diskretion wie die Besitzer wunderbarer Frauen von ihren Reizen: sie beschreiben höchstens das, was alle Welt sieht. Aber auch das, was er verschwieg und wie er es verschwieg, gab mir bedeutende Einblicke in seinen Charakter. Dabei war es höchstens die Zukunft, die er für sich behielt, nie die Vergangenheit: niemals suchte er Äußerungen aus seiner Sozialistenzeit zu verschleiern oder umzudeuten; er bekannte sich immer. Niemals setzte er mich in Verlegenheit durch das argumentum ad hominem: was hätten Sie in diesem Falle getan? Auch brauchte er selten die Frageform, sondern setzte seine Behauptungen hin, kurz, mit einem Punkt.

Da er ein großer Vereinfacher des Wortes ist und gar keine Lust an glänzenden Epigrammen hat, hört sich seine Antwort, wenn sie kurz ist, wie eine Entscheidung an. Sein Stil, jedenfalls im Gespräch, hält genau die echt italienische Mitte zwischen französisch und deutsch, denn er ist weder elegant noch schwer, sondern metallen; dies Metall ist aber nicht Eisen, sondern fein gewalzter Stahl, dargestellt in der elastischen und nuancenreichen Sprache der italienischen Tradition. Plötzlich sagt er dann etwas ganz einfaches, das heißt, er setzt eine unerwartete Folgerung ohne jede Draperie vor den Hörer hin. Sein klares, ich möchte sagen, latinisierendes Italienisch ist in allem von d'Annunzios beflügelter Redekunst unterschieden; an ihrer Ausdrucksart allein würde man den aktiven vom platonischen Menschen unterscheiden, noch mehr am Organ.

Jeder Titel wurde mit seiner Einwilligung gleich über Bord geworfen, und ich konnte ihn ohne Floskeln rasch und ohne Pause immer wieder anbohren. Dabei verbesserte er meine Fehler im Italienischen nie; als ich aber einen französischen Namen falsch aussprach, kam in heiterer Weise der frühere Lehrer heraus, und er sagte ihn leise richtig. Auch als er die „Umwertung aller Werte“ deutsch sagen wollte und sich trotz seiner großen Kenntnis des Deutschen irrte, verbesserte er sich mit der Wendung: Genitivus pluralis. (Übrigens habe ich ihn auch fließend französisch und englisch reden hören.) Dabei versetzt sein Gedächtnis ihn in die Lage, auf unerwartete Fragen die Universitäten zu nennen, an denen ein französischer Rassenforscher gelehrt hat, oder die Namen und Dienstorte der jüdischen Generale, die in der italienischen Armee zur Zeit dienen, oder das Datum, an dem Huß verbrannt wurde.

Mussolini ist ein Mann von der feinsten Höflichkeit, wie alle echten Diktatoren; es scheint, sie lassen das Pferd zwischen den Rennen auf dem Sattelplatze zierliche Gänge machen. Auch erschien er nie nervös oder gar launisch, spielte oder malte mit keinem Bleistift (was ich bei einem andern Diktator erlebte), wechselte nur in seinem Sessel öfters die Stellung, wie jemand, dem das lange Sitzen auf die Dauer schwerfällt. Darum soll er sich mitten in seinen Arbeiten zuweilen auf das Motorrad setzen, eines seiner Kinder mitnehmen und nach Ostia rasen, wohin ihm die Polizei verzweifelt nachrast.

Sonst lebt er weit einsamer als die russischen Führer, die sich in beständigen Komitees und Sitzungen treffen und kontrollieren. Da er zugleich sehr hygienisch lebt und sich eine erstaunliche Ruhe abgerungen hat, so hat er mehr Aussicht, alt zu werden, als jene, die sich in beständigen Aufregungen zerreiben. Außer der Macht gibt es keine Genüsse: Titel, Krone, Adel, Gesellschaften machen ihm keinen Spaß; besonders erstaunlich in Rom, wo heute die Diplomatie stärker vertreten und noch immer mächtiger ist als in jeder andern Hauptstadt. In diesem Sinne ist Mussolini heut beinah ganz Staat geworden. Dagegen habe ich ihn zwei Arbeiter, die einmal hereinkamen, um sein Telephon zu reparieren, mit soviel Freundlichkeit bei ihrem Kommen und Gehen begrüßen sehen, daß ich des kalten Hochmuts der „Industrie-Kapitäne“ gedachte, wenn eine solche Störung ihre raffenden Gedanken unterbrach.

Bei aller Verschlossenheit hat er Humor, einen grimmigen, der sich in einem dumpfen Lachen Luft macht. Aber er versteht keine Scherze;

niemand würde wagen ihm einen sogenannten Witz zu erzählen. Zugleich ist er ganz präzis in seinen Angaben: er schlägt ein Lexikon auf, sucht darin die Statistik der italienischen Frauen, gibt sie mir bis auf drei Zahlen hinter dem Komma an, und er sagte mir einmal: „Ich liebe nicht das à peu près". In meinem deutschen Manuskript verbesserte er jeden Schreibfehler der Typistin. Seine Exaktheit ist so groß, daß er einem Minister, dem er meinetwegen telephonierte, Ort und Stunde der Zusammenkunft sowie das Objekt des von mir erbetenen Materiales zweimal nachdrücklich wiederholte. Sparsamkeit, die der Emporkömmling sonst rasch vergißt, ist ihm ganz natürlich geblieben, denn er schrieb einige Notizen für mich auf Zettel, deren Rückseite sein Tagesprogramm von voriger Woche ansagte.

Mussolini ist im Gespräch der natürlichste Mensch von der Welt. Leute, die gern posieren, haben ihn anders geschildert. So hat der frühere Deutsche Botschafter am Quirinal eine Szene erfunden, in der er den ihm schon als Journalist bekannten Mussolini bei dessen erstem Empfang als Staatschef in napoleonischer Weise mit verschränkten Armen am Kamin stehend schilderte, worauf er selbst auf ihn zugegangen sei, ihm jovial auf die Schulter geklopft und ihn kurzerhand mit „Buon giorno, Mussolini!" begrüßt habe, womit er sich sofort in großen Respekt gesetzt hätte. Dieser Bericht, für dessen Verbreitung der Diplomat sorgte, ist oft weitererzählt, geglaubt und so eine der Ursachen für ein Zerrbild geworden, das Mussolini jedenfalls in Deutschland geschadet hat.

Der Staatsmann

Einen aktiven Menschen kann man nicht spät genug kennenlernen; sofern er ein starker Charakter ist, wird ihn der Erfolg vertiefen. Das moralische Problem sehe ich im fünfzigjährigen Mussolini in der Aufgabe, als eine revolutionäre Natur Ruhe zu halten. Daß er es weiter tun wird, dafür bürgen mir gewisse Züge des Hausvaters, die er auch hat und die sich nach Fünfzig zu verbreitern pflegen. Auch habe ich noch einen zweiten Grund, zu glauben, daß er Frieden hält.

Erwäge ich alles Gehörte und Gesehene, so zögere ich nicht, ihn als einen großen Staatsmann zu bezeichnen. Denn was ist bei einem aktiven Menschen Größe? Ist das eine Eigenschaft? Ist es eine moralisch unantastbare Bahn? Ich erkenne diese Form der Größe vielmehr im Zusammentreffen gewisser Eigenschaften in bestimmten Dosen, die einen vorbestimmten Charakter zum moralischen Befehl, das heißt, *zur konstruktiven Arbeit* größten Stiles befähigen.

Mussolini scheint mir heute, zehn Jahre nach Eroberung der Macht, mehr Leidenschaft für den konstruktiven Aufbau Italiens zu haben als für irgendeine destruktive Tat im Felde seiner Feinde; er scheint seine Siege nur noch im Innern seines Landes zu suchen. Außerdem hat er zwei Züge, die den meisten Diktatoren abgehen und ohne die es doch gar keine Größe gibt: im Besitze der Macht hat er nicht verlernt, die Taten anderer zu bewundern, aber er hat gelernt in seinen eigenen Taten das Gleichnishafte zu erkennen. Beide Eigenschaften, Grundzüge des Goethischen Menschen, schützen den durch sich selbst kontrollierten Machthaber vor Größenwahn und reihen ihn in die Kette philosophischer Geister, in die alle echten Männer der Tat gehören.

Mussolini hatte das Glück, ohne Kriege an die Macht zu kommen, und war deshalb zuweilen in Versuchung, den Kriegsruhm nachzuholen. Aus sehr verschiedenen Gründen scheint diese Epoche vorüber. Heute hat er die Wahl, dem älteren Napoleon oder dem älteren Cromwell nachzustreben. Man wird in den Gesprächen die Antwort finden, wem von beiden er nachstrebt.

Schule der Armut

– Und der Hunger? fragte ich. Hat auch der Hunger Sie erzogen? –

Er sah mich, als ich ihn so fragte, aus seinen dunklen Augen an, die aus dem Halbschatten in ihrer samtigen Schwärze herüberglänzten, schob auf seine Art Kinn und Unterkiefer vor und schien sich mit schweren Gefühlen seiner Jugend zu erinnern. Dann sagte er in dumpfem Ton, mit kurzen Pausen:

„Das ist ein guter Erzieher, der Hunger. Beinahe so gut wie das Gefängnis und die Feinde. Meine Mutter verdiente als Lehrerin 50 Lire, mein Vater verschieden, was eben das Schmiedehandwerk brachte. Wir hatten zusammen zwei Zimmer. Fleisch gab es beinah nie. Es gab leidenschaftliche Debatten, Kämpfe und Hoffnungen. Mein Vater kam wegen sozialistischer Umtriebe ins Gefängnis. Als er starb, folgten tausende von Parteigenossen seinem Sarge. All das gab mir einen starken Impuls. Mit einem andern Vater als Vorbild wäre ich anders geworden. So konnte ich meinen Charakter schon zu Hause bilden. Wer mich damals näher betrachtet hätte, der hätte in mir mit 16 Jahren schon erkannt, was ich bin, mit allem Licht und Schatten. Daß ich aus dem Volke kam, das hat mir im Leben die größten Atouts gegeben."

Er sagte das mit seiner dunklen Stimme, die klingt, wie wenn in der Ferne ein Gong angeschlagen wird. Ich habe diese Stimme in zwei Tonlagen gehört: auf der Piazza hallend von militärischer Schärfe, ähnlich wie Trotzki zur Menge sprach, sonst aber leise, mit entschiedener und bewußter Niederhaltung aller Kraft. So spricht er nicht bloß im Zimmer, so habe ich ihn auch zu einem Haufen von zwanzig Arbeitern sprechen hören, die ihn im Kreise umstanden. Hier liegt ein Sinnbild seines Wesens: Mussolini spart sich die äußere Darstellung seiner Kraft für seltene Gelegenheiten auf, er hält sie meist im eigenen Bann.

– Sie haben, sagte ich, mit Ihrem konstruktiven Sinn Freude an Maschinen. Geht das auf Ihre Kindheit zurück, als Sie in der Schmiede die Elemente kennenlernten? Und glauben Sie an einen produktiven Einfluß des Handwerks auf die geistige Arbeit? –

„An einen enormen Einfluß, erwiderte er lebhaft. Diese Eindrücke bleiben tief im Menschen bis zum Tode. Vor dem Hammer und vor dem Feuer gewinnt man eine Leidenschaft für die Materie, die man nach seinem Willen biegen möchte und muß. Noch heute fühle ich mich zu einem Maurer hingezogen, den ich ein Fenster machen sehe, ich möchte's am liebsten selber machen."

– Ich habe einmal, sagte ich, einen rechten Jünglingsbrief von Ihnen gelesen, in dem Sie heut vor 30 Jahren einem Freund über Ihre Fahrt nach der Schweiz berichteten und ungefähr schrieben, diese Nacht im Gotthard habe Ihr Leben in zwei Teile geschnitten. –

„Das tat sie, jene Nacht, sagte Mussolini. Ich weiß es genau. Man ist 19, schreibt Verse und will die Welt probieren. Ich war so ungeduldig nach der Welt, daß ich meinen Lehrerberuf hinwarf, meinen Vater im Gefängnis ließ, wo ich ihn doch nicht herausholen konnte, und ohne Geld als Arbeiter in die Schweiz fuhr. Da ist man einmal begeistert und einmal verzagt. Hauptsächlich aber ist man empört. Die Leiden meiner Eltern hatte ich vor mir, im Seminar war ich gedemütigt worden, so bin ich mit den Hoffnungen der Enterbten als Revolutionär aufgewachsen. Was hätte ich anders werden können als Sozialist à outrance, Blanchist, eigentlich mehr Kommunist? Ich hatte immer eine Medaille von Marx in der Tasche. Ich glaube, das war eine Art Talisman."

– Und was würden Sie heute beim Anblick seines Bildes denken? –

„Daß er ein großer kritischer Geist war, antwortete er, teilweise sogar ein Prophet. Damals, in der Schweiz hatte ich wenig Gelegenheit, über diese Sachen zu reden. Ich war unter uns Arbeitern der gebildetste, hatte übrigens den ganzen Tag zu schuften: 12 Stunden in der Schokoladenfabrik von Orbe oder auch 120 mal an einem Tag zwei Stockwerke hoch Bausteine schleppen. Und doch hatte ich schon damals ein dunkles Gefühl, das alles ist nur eine Schule für später."

– Auch im Gefängnis? –

„Besonders dort, sagte er. Da lernt man Geduld. Das ist wie auf einer Seefahrt: an Bord und im Gefängnis muß man Geduld bewähren."

Ich brachte ihn auf seine Gefängnisse.

Er rückte in den Lichtkreis der hohen Stehlampe vor, legte die beiden Arme auf den Tisch, wie er zu tun pflegt, wenn er etwas erklären, aufzählen oder sonst klar festlegen will. Dann wird er zutraulicher, drückt das Kinn an, schiebt den Mund vor und versucht vergeblich, eine durchaus gutartige Stimmung hinter den Augenbrauen zu verstecken, die er paradoxerweise gerade dann zusammenzieht.

„Es waren 11, sagte er jetzt, und zwar in 4 Staaten. Ich habe in Bern, Lausanne, Genf, in Trento, in Forli gesessen, und in manchem Orte mehrere Male. Jedesmal war es eine gesunde Erholungspause, die ich mir sonst nicht hätte leisten können. Daher ist auch kein Groll gegen die Länder in mir zurückgeblieben. Einmal habe ich den Don Quichotte gelesen und mich herrlich dabei amüsiert."

– Also schicken Sie vielleicht deshalb Ihre politischen Feinde ins Gefängnis? fragte ich ironisch, und er lächelte. Macht Sie die Erinnerung an Ihre Gefängnisse bei diesen Urteilen nicht stutzig? – Er sah mich groß an, als könnte er mich gar nicht verstehen.

„Durchaus nicht, sagte er ruhig. Ich finde das ganz logisch. Erst haben sie mich hineingesteckt. Jetzt stecke ich sie hinein."

Schule des Soldaten und Journalisten

– Die Dienstzeit, sagte ich, hatte bei uns in Preußen trotz allen Drills eine solche Anziehung, daß der röteste Sozialist nachher beim Bier von der entschwundenen Jugend beim Militär sang. Sie aber haben sich, wie ein Brief von Ihnen beweist, als Soldat so leidenschaftlich für das Vaterland begeistert, wie ich es von keinem deutschen Sozialisten im Frieden gehört habe. Anstatt auf die Vorgesetzten zu schimpfen, was doch jeder Italiener mindestens damals tat, erklärten Sie, der beste Soldat sein zu wollen. Aus Stolz oder um die sozialistische Ehre zu retten? –

„Aus beiden Gründen, erwiderte er. Ich war als Soldat wirklich ein Modell. Einen Gegensatz zum Sozialismus habe ich darin nie empfunden. Warum sollte ein guter Soldat nicht zugleich Klassenkämpfer sein? Gegen ihre Vorgesetzten sind die Italiener noch heute. Das gibt eine gute Kontrolle. Übrigens soll man gehorchen lernen, bevor man befiehlt."

– Ich sehe nicht, warf ich ein, daß Sie im Leben irgendwann gehorchen mußten. –

„Jedenfalls beim Militär“, sagte er, denn andere Epochen konnte er wirklich nicht finden.

– Und heute, nach 15 Jahren, halten Sie den Krieg noch immer für ein Mittel der Erziehung, als wäre er noch ein Duell? Sie halten daran fest, daß ein Mann wie Sie in den Schützengraben gehört und nicht an den Schreibtisch, und würden in Zukunft einen Mann von ähnlichen Fähigkeiten sich ebenfalls darin verbrauchen lassen? –

Ich sah, daß er mich beobachtete, denn bei dieser Frage verliere ich die Ruhe und gebe meinem Partner Gelegenheit, sich um so fester zu bewähren. Er drehte sich auf seine Art im Sessel herum, worauf er gern die Fingerspitzen gegeneinander legt. Mussolini hat schöne Hände, und ich habe das gleiche bei anderen Diktatoren gefunden. Er sagte:

„Was ich mit einem solchen Manne machen würde, das hängt von den Ereignissen ab. Was das Duell betrifft, das ist natürlich die ritterlichere Form, ich habe mehrere durchgefochten. Die Schule des Krieges aber ist doch eine große Erfahrung. Da sieht man den Menschen nackt in der Realität. Jeden Tag heißt es, jede Stunde: leben oder sterben. Da habe ich gesehen, was der Italiener für ein guter Soldat ist. Für uns war das die erste große Probe seit einem Jahrtausend. Jawohl! Trotz aller Kriege zwischen den Staaten und den Städten Italiens hat unser Volk als ein ganzes seit dem Ende des römischen Kaiserreiches keinen Krieg mehr gemacht. Nicht einmal beim Fall der Republik Florenz, und das sind auch schon 400 Jahre. Erst Napoleon hat dieses Volk in Waffen erprobt und war mehr als zufrieden.“

Da ich beschlossen hatte, seinem Widerspruche niemals auf's neue zu widersprechen, – denn wir debattierten nicht, um einander zu überzeugen, sondern sprachen, damit ich ihn kennenlernte, – so kehrte ich zum Schützengraben zurück und sagte:

– Mich wundert, daß gerade Sie das gemeinschaftliche Leben durch Jahr und Tag ertragen haben. Unser großer Dichter Dehmel, der freiwillig in den Krieg ging, sagte mir, das schwerste war, man war nie allein. –

„Auch für mich, sagte Mussolini. Dafür hat man neben allem anderen Verteidigung und Angriff gelernt."

– Buchstäblich oder symbolisch? Haben Sie genug Strategie lernen können, um sie später beim Marsch auf Rom zu benutzen? –

„Doch, etwas. Den Marsch in drei Diagonalen haben wir zusammen mit den Generälen entworfen, wenn ich auch nicht geführt habe."

– Sie hatten das Glück, ohne Schlachten zur Macht zu kommen, sagte ich. Wenn Sie aber jetzt eines Tages in einen Krieg rutschten, und irgendein General ist unfähig und verliert die Schlacht? – Mussolini machte sein ironisches Gesicht:

„Wenn? Und –?"

– Und macht Ihnen das großartige Werk kaputt, an dem Sie seit so vielen Jahren arbeiten! –

„Sie sehen doch, sagte er plötzlich sehr ernst, daß ich ihn in all diesen Jahren vermieden habe." Ich war zu weit gegangen und kam auf das Persönliche zurück, indem ich fragte, ob er schwer verwundet war.

„Nicht mehr transportabel, sagte er. Irgend jemand hatte in die Zeitung geschrieben, wo ich liege. Da haben die Österreicher das Lazarett beschossen. Alle Kranken bis auf drei wurden weggebracht. Mehrere Tage lang mußte ich jeden Augenblick damit rechnen, in die Luft zu fliegen."

– Ist es wahr, fragte ich, daß Sie sich bei der Operation nicht chloroformieren ließen? –

Er nickte. „Ich wollte sehen, wie es die Ärzte anstellen."

– Sie sind eine Ausnahme. –

„Nein, insistierte er. Es gab damals viele Jünglinge, die mit Begeisterung in den Tod gingen."

– Aber die Millionen! Sind die alle begeistert gefallen? Woher kommt es dann, daß ein Krieg von solchem Ausmaß keine einzige Dichtung hervorgebracht hat, wie die Kriege, die aus Rache oder um Freiheit oder um den Schein derselben geführt worden sind? Und kann überhaupt eine pathetische Stimmung jahrelang erhalten werden? –

„Nein, sagte er. Und was die Dichtung betrifft, so war der Krieg zu groß und die Menschen waren zu klein."

– Kann also der Gaskrieg von morgen, der eine persönliche Verteidigung überhaupt nicht mehr ermöglicht, viel weniger einen Akt des Mutes, – kann er noch immer als Schule der Jugend gelten, die unersetzbar ist? –

„Nicht unersetzbar. Es bleibt aber eine große Nervenübung, im Kugelregen zu stehen. Es hat eine moralische Wirkung, das Zittern zu verlieren." Ich ging, da wir uns hier doch nicht verstehen konnten, zum Journalismus über und fragte, ob er viel dabei gelernt habe.

„Sehr viel, erwiderte er und nahm einen schnelleren, wärmeren Ton an, wie jemand, der auf die Höhepunkte seiner Jugend zurückblickt. Für mich war die Zeitung die Waffe, die Fahne, eigentlich die Seele. Ich habe sie einmal mein Lieblingskind genannt."

– Und heute? Wenn Sie den Journalismus für eine so hohe Schule halten, warum knebeln Sie ihn? –

„Heut ist er's nicht mehr wie vor dem Kriege, sagte er entschieden. Heute dienen die Zeitungen Interessen, nicht mehr Ideen, wenigstens die meisten. Wie sollten sie da Den moralisch erziehen, der sie schreibt? Technisch dagegen ist der Journalismus noch immer ein Erzieher für Diplomaten und Staatsmänner, denn er gewöhnt an rasche Auffassung und an die Veränderlichkeit der Lage. Aber zum Journalismus muß man jung sein."

– Fürst Bülow hat mir einmal das französische Wort zitiert: „Le journalisme mène à tout, pourvu qu'on en sorte." Wenn Sie aber selber durch Ihre Zeitung so viel gelernt haben und Ihre Leser erst recht, finden Sie nicht, daß jede Zensur dies Stück produktiver Kritik zerstört? –

„Das ist eine Illusion, sagte er lebhaft. Erstens – er suchte eine Zeitung – ist gestern hier in diesem Blatte eine meiner Verordnungen scharf angegriffen worden. Zweitens schreiben sie unter Pressefreiheit auch nur, was die Großindustrie oder die Banken gedruckt sehen wollen, die die Zeitung bezahlen."

– Zu der Zeit, sagte ich, als Sie Interviews machten, vor 20 Jahren, war es vielleicht besser. Haben Sie Physiognomien dabei studiert? Und haben Sie sich vorbereitet, wie ich? –

„Natürlich, sagte er, zum Beispiel, als ich Briand in Cannes interviewte. Bald darauf sahen wir uns als Minister wieder. Physiognomist war ich immer. Und heute, wo ich eher noch mehr Zeitungen lese als früher, denke ich mir manchmal, das hätte der Esel doch besser schreiben können. Besonders, wenn ich Angriffe lese."

– Lesen Sie viel? –

„Alles, sagte er, besonders die Zeitungen der Feinde. Ich sammle auch Karikaturen, ich habe ganze Bände voll."

– Dergleichen gibt es auch schon von Ihnen und mir, sagte ich. Auf einer deutschen Zeichnung sitze ich Ihnen rittlings dort auf der Schulter. – Mussolini lachte und sagte:

„Die Karikatur ist wichtig und nötig. Da heißt es bei Euch immer, hier herrscht Tyrannei. Haben Sie Trilussos Satiren gelesen? Die sind böse, aber so geistvoll, daß ich sie freigab."

– Heute, fragte ich, wo Sie die Probleme aus dem Flugzeug überschauen können, finden Sie sich nachträglich ungerecht als Kritiker? Oder haben Sie damals schon konstruktiv geschrieben? –

„Ich habe damals auch Vorschläge gemacht, sagte er, aber erst heute kann ich die Probleme übersehen und bin deshalb im Urteil über meine Kollegen milder."

– Und wenn Sie heute Artikel schreiben, sind Sie gemäßigter als früher? –

Er sah mich böse an und sagte:

„Ich kann nur heftig und entschlossen schreiben."

– Damals, fragte ich, als Sie jahrelang mit aller Heftigkeit nichts erreichten, dachten Sie, dies alles wäre nur ein Vorspiel? –

Sein Gesicht entspannte sich wieder. In solchen Augenblicken öffnet er die Augen so weit, als wollte er mit ihnen das Licht einatmen.

„Bei allem, sagte er dann, was ich tat und besonders, was ich erlitt, hatte ich das bestimmte Vorgefühl, für etwas Wichtiges erzogen zu werden."

Schule der Geschichte

Ich hatte die Prachtausgabe des Macchiavelli zum Geschenk erhalten, die die faschistische Staatsdruckerei sehr luxuriös gedruckt und etwas zu deutlich dem Duce gewidmet hatte. Immerhin ist es besser, ein Staat bekennt sich zu diesem Lehrer der Diktatoren, als daß er seine Theorien heimlich verwirklicht und zugleich das „Macchiavellistische" als Schimpfwort braucht. Als Friedrich der Große noch Kronprinz war, schrieb er seinen moralisierenden „Anti-Macchiavelli", später wurde er aufrichtiger und handelte umgekehrt.

– Sie haben mit Macchiavelli angefangen? fragte ich Mussolini. –

„Mein Vater las ihn abends vor, sagte er, wenn wir uns an den Resten des Schmiedefeuers wärmten und dazu unseren Landwein tranken. Der Eindruck war tief. Als ich ihn mit Vierzig wieder las, wirkte das Buch noch ebenso stark."

– Merkwürdig, sagte ich, wie solche Geister auf- und untergehen und dann wieder auf. Es ist, als ob sie Jahreszeiten hätten. –

„Die haben die Völker erst recht, erwiderte er. Ihr Frühling und Winter kommt auch immer wieder. Bis sie eines Tages tot sind."

– Deshalb hat mich auch niemals der deutsche Winter von heut erschreckt. Goethe hat sich vor hundert Jahren, als es den Deutschen ebenso schlecht ging wie heute, mit Ärger und Spott gegen das Schlagwort vom „Untergang“ gewandt. Haben Sie deutsche Gestalten studiert? –

„Bismarck, sagte er sofort. Vom Standpunkt der Realpolitik war er der größte Mann seines Jahrhunderts. Ich dachte mir schon immer, daß er nicht bloß der Mann mit den drei Haaren und dem eisernen Tritt gewesen sein kann. In Ihrem Buch fand ich bestätigt, wie nuancenreich, wie komplex er war. Kennt man bei Ihnen Cavour?“

– Ganz wenig, erwiderte ich. Eher Mazzini. Kürzlich ist mir ein herrlicher Brief vor Augen gekommen, den er, ich glaube 1831 oder 32, an Carlo Alberto geschrieben hat; die Beschwörung eines Dichters an einen Fürsten. Billigen Sie es, daß dieser Fürst ihn darauf einsperren ließ? –

„Der Brief, sagte Mussolini, ist eines der schönsten Dokumente, die je geschrieben wurden. Carlo Albertos Figur steht noch nicht klar vor uns Italienern, erst kürzlich hat man seine privaten Tagebücher publiziert, aus denen seine Psychologie deutlicher wird. Zuerst hat er natürlich an die Liberalen angeknüpft. Als dann Piemont im Jahre 32, – nein, 33, Mazzini verfolgte, geschah das in einer bestimmten politischen Situation.“

Die Vorsicht dieser Antwort veranlaßte mich, in meinem beständig unausgesprochenen Vergleiche der Gegenwart mit der Vergangenheit noch deutlicher zu werden, und ich fragte:

– Das war zur Zeit, als das „Giovane Italia“ illegal erschien. Glauben Sie nicht, daß unter allen Zensuren solche Zeitschriften bestehen? Würden Sie Mazzini auch einsperren? –

„Sicher nicht, sagte er mit Festigkeit. Wenn einer Ideen im Kopf hat, so soll er kommen, und wir wollen sie diskutieren. Aber als Mazzini jenen Brief schrieb, war er mehr vom Gefühl als vom Verstand getrieben. Piemont hatte damals 4 Millionen Einwohner und stand dem gewaltigen Österreich mit seinen 30 Millionen machtlos gegenüber.“

– Nun saß also Mazzini im Gefängnis, fing ich wieder an. Bald darauf wurde Garibaldi zum Tode verurteilt, und zwei Menschenalter später wurden Sie eingesperrt. Folgt daraus nicht die höchste Vorsicht für einen Regierenden, wenn er seine politischen Gegner bestraft? –

„Sie meinen vielleicht, wir lassen diese Vorsicht nicht walten?“ fragte er lebhaft zurück.

– Sie haben die Todesstrafe wieder eingeführt. –

„Sie besteht in allen Kulturstaaten, in Deutschland wie in Frankreich und England.“

– Aber von hier, durch Beccaria, insistierte ich, ist die Abschaffung der Todesstrafe ausgegangen. Warum haben Sie sie wieder aufgenommen? –

„Weil ich Beccaria gelesen habe“, sagte Mussolini, ließ aber keine Ironie in seinen Zügen sehen, sondern fuhr ernst fort: „Er schreibt nämlich nicht das, was die meisten glauben. Zudem hatten in Italien die schweren Verbrechen erschreckend zugenommen: wenn in England 100 begangen wurden, waren es bei uns 500.“

– Also haben Sie nicht ethische, nicht religiöse Gründe dazu bewogen? –

„Religiöse? fragte er erstaunt. Die Religion kann diese Strafe doch nicht anerkennen.“

– Kommt darauf an, welches Testament, sagte ich. Das Alte sagt: Auge um Auge, Zahn um Zahn. Und Masaryk, dessen philosophische Höhe Sie mir einmal bestätigten, ist aus reiner Ethik für die Todesstrafe. Er hat mir sogar erklärt, daß mit ihr die Kapitalverbrechen doch nicht abgenommen haben, daß er also keinen sozialen Schutz damit aufstellen, sondern nur die Blutschuld rächen will. –

„Dann machen wir dasselbe aus verschiedenen Gründen, sagte Mussolini. Ich lasse mich in dieser Frage nur vom sozialen Gedanken leiten. War es nicht der heilige Thomas, der sagte, man solle einen brandigen Arm abschneiden, damit der ganze Körper gesunde? Dabei verfahre ich mit der größten Vorsicht und Nachsicht: nur eingestandene und brutale Fälle werden de facto mit dem Tode bestraft. Vor zwei Jahren hatten hier zwei Kerle einen Jungen vergewaltigt und dann umgebracht.

Beide wurden zum Tode verurteilt. Ich hatte den Prozeß genau verfolgt. Im letzten Augenblicke kamen mir Zweifel: der eine war ein älterer, vorbestrafter, geständiger Verbrecher, der andere ein junger unbestrafter, nichtgeständiger Mensch. Da habe ich 6 Stunden vor der Exekution die Ausführung aufgehalten und den jüngeren begnadigen lassen."

– Gehört in das Kapitel: Vorteile der Diktaturen, sagte ich. Er griff diese Unvorsichtigkeit lebhaft auf, indem er spöttisch sagte:

„Das andere ist eine Staatsmaschine, die automatisch immer weiter läuft und die kein Arm plötzlich zum Stillstehen bringt."

– Haben Sie Lust, fragte ich, von diesem gefährlichen Gebiete sich zunächst zu Napoleon zu begeben? –

„Vorwärts!"

– Ich bin mir trotz früherer Unterhaltungen nicht klar, ob Sie ihn eigentlich als Vorbild ansehen oder als Warnung. –

Er setzte sich zurück, machte sein dunkelstes Gesicht und sagte mit verhaltener Stimme:

„Als Warnung. Ich habe mir Napoleon nie zum Vorbild genommen, denn ich bin mit ihm gar nicht zu vergleichen. Seine Aktivität war eine ganz andere als die meinige. Er hat eine Revolution abgeschlossen, ich habe eine angefangen. Sein Leben hat mir die Irrtümer angezeigt, denen man schwer entgeht und zwar (an den Fingern herzählend): Nepotismus. Kampf mit dem Papst. Mangelnder Sinn für Finanz und Wirtschaft. Er sah beinah nur, daß nach seinen Siegen die Rente stieg, das war alles. Und dann – er machte eine Pause, rückte ins Lampenlicht vor, gab mir mit den Augen ein ironisches Zeichen und fuhr fort: – Und dann habe ich etwas Großes von ihm gelernt. Er hat mir im Vorhinein alle Illusion zerstört, die ich mir über die Treue der Menschen hätte machen können. In diesem Punkte bin ich hieb- und stichfest."

Ich hütete mich, über einen Punkt mehr zu fragen, den er nur selber aufbringen durfte, kam auf die Geschichte zurück und fragte, als ob ich es nicht wüßte:

– Woran ist er zugrunde gegangen? Die Professoren behaupten, an England. –

„Unsinn, sagte er. Er ging zugrunde, so wie Sie es darstellen, am Widerstreit in seinem Charakter. Woran jeder am Schlusse zugrunde geht. Die Krone zu nehmen! Eine Dynastie zu gründen! Als Erster Konsul, ja, da war er groß! Mit dem Kaisertum begann die Décadence. Beethoven hatte ganz recht, ihm die Widmung der Eroica wieder zu entziehen. Die Krone zwang ihn zu immer neuen Kriegen. Sehen Sie dagegen Cromwell an: ein großer Gedanke, Macht des Staates – und doch kein Krieg!“ Da hatte ich ihn bei einem der wichtigsten Punkte.

– Es gibt also Imperialismus ohne Imperium? –

„Es gibt ein halbes Dutzend Arten von Imperialismus, erwiderte er mit belebter Stimme. Ein Kaisertum braucht es dazu wahrhaftig nicht, es ist sogar gefährlich. Je mehr es sich ausbreitet, um so mehr verliert es an organischer Kraft. Trotzdem ist die Tendenz zum Imperialismus eine der elementaren Kräfte der menschlichen Natur, eben als Wille zur Macht. Jetzt haben wir den Imperialismus des Dollar, ein andermal einen religiösen, einen künstlerischen. In jedem Fall sind es Zeichen der menschlichen Lebenskraft. Solange einer lebt, ist er Imperialist. Wenn er tot ist, nicht mehr.“

In diesem Augenblick sah Mussolini verteufelt napoleonisch aus, und zwar ähnelt er dann dem Stich von Lefèvre aus dem Jahre 1815. Die Spannung seiner Züge wich, er änderte seinen Ton, als er schloß:

„Natürlich hat jedes Imperium seinen Zenith. Da es stets eine Schöpfung von Ausnahmemenschen ist, liegen die Gründe des Unterganges schon darin. Wie alle Ausnahmen hat es etwas Ephemeres in sich. Das kann ein oder zwei Jahrhunderte dauern oder zehn Jahre. Wille zur Macht.“

– Zu erhalten nur durch Kriege? – fragte ich.

„Durchaus nicht nur, erwiderte er und setzte sich auf seine Art vor, die Arme auflegend, wie um zu dozieren. Throne brauchen Kriege, um sich zu erhalten, Diktaturen durchaus nicht immer. Es gibt welche, die davon abstrahieren können. Die Macht einer Nation ist das Resultat von einer Menge von Elementen, nicht bloß von dem militärischen. Allerdings, muß ich hinzufügen, ist bisher die Stellung einer Nation in der allgemeinen Auffassung von ihrer Kriegsstärke bestimmt worden. Man hält die militärische Kraft bis heute für die Synthese aller nationalen Kräfte."

– Bis gestern, sagte ich. Und morgen? –

„Morgen! wiederholte er skeptisch. Ein sicheres Kriterium ist das nicht mehr, das ist wahr. Man braucht deshalb für morgen eine zwischenstaatliche Instanz. Die Einheit mindestens eines Kontinentes. Nach der Einheit der Staaten muß man nach der Einheit der Erdteile hinstreben, das ist aber in Europa verdammt schwer, weil jedes Volk ein besonderes Gesicht hat, Sprache, Sitten, Typen. Ein gewisser Prozentsatz, sagen wir X, bleibt in jedem Volke vollkommen original und widersetzt sich zunächst dem Zusammenschluß. In Amerika ist es freilich leichter, 48 Staaten mit derselben Sprache ohne Jahrhunderte lange Geschichte zusammenzuhalten."

– Gibt es nicht aber, fragte ich wieder, in jedem Volk einen andern gewissen Prozentsatz Y, der rein europäisch ist? –

„Der liegt außer der Macht jeder Nation. Napoleon hat ein Europa gewollt. Das war sein großer Ehrgeiz, es zu einigen. Heut ist es vielleicht eher möglich, aber nur in einer Art Konzeption, wie es Karl der Große oder Karl V. angestrebt hat, vom Atlantik bis zum Ural."

– Also nicht bloß bis zur Weichsel? –

„Vielleicht auch nur bis zur Weichsel."

– Und Sie haben sich dies Europa unter faschistischer Führung gedacht? –

„Was ist Führung? fragte er lebhaft zurück. Unser Faschismus ist, wie er ist. Es gibt aber einige Elemente darin, die auch andere annehmen könnten."

– Wenn man Ihnen zuhört, sagte ich, so findet man Sie immer maßvoller als die meisten Faschisten. Sie würden staunen, was ein Fremder in Rom alles anhören muß. Wahrscheinlich ist es mit Napoleon auf seiner Höhe ähnlich gewesen. Können Sie sich übrigens erklären, warum er seine Hauptstadt nie ganz eingenommen hat, warum er immer le fiancé de Paris geblieben ist? –

Jetzt lächelte Mussolini doch. Dann sagte er französisch:

„Ses manières n'étaient pas très parisiennes. Vielleicht hatte er doch etwas Brutales an sich. Überdies waren die Jakobiner gegen ihn, weil er die Revolution erstickt hatte, die Legitimisten, weil er ein Usurpator war, die Religiösen wegen seines Kampfes gegen den Papst. Die einzigen, die ihn liebten, das war das niedere Volk: die hatten zu essen unter ihm und sind auch am empfänglichsten für den Ruhm. Denn der Ruhm ist logisch nicht zu begreifen, er ist eine sentimentale Sache."

– Sie sprechen beinah mit Mitgefühl von Napoleon, sagte ich. Ihr Respekt vor ihm hat sich also während Ihrer Regierung, wo Sie ihn ein wenig kontrollieren konnten, nicht verringert? –

„Vergrößert."

– Als junger General hat er einmal gesagt, ein leerer Thron ziehe ihn an, sich daraufzusetzen. Was halten Sie davon? –

Mussolini machte sein ironisches Gesicht, wobei er die Augen aufzureißen pflegt, aber dazu lächelt:

„Inzwischen, sagte er, haben die Throne an Faszinationskraft merklich abgenommen."

– Wirklich, erwiderte ich, niemand will mehr König sein. Als ich kürzlich zu König Fuad von Ägypten sagte, Könige müßten geliebt, Diktatoren aber gefürchtet sein, rief er aus: „Wie gern wäre ich ein Diktator!" Gibt es in der Geschichte einen Usurpator, der geliebt wurde? –

Mussolini, in dessen Miene sich die Stimmung jeder Antwort vorausverkündigt, sofern er sie nicht verheimlichen will, wurde wieder ernst, ließ alle Willenskraft los, wobei er jünger aussieht, und sagte nach einer Pause und auch dann noch zögernd:

„Vielleicht Cäsar. Cäsars Ermordung war ein Unglück für die Menschheit.“ Dann setzte er leise hinzu: „Ich liebe Cäsar. Er allein hat in sich den Willen des Kriegers mit dem Genie des Weisen vereinigt. Im Grunde war er ein Philosoph, der alles sub specie aeternitatis ansah. Ja, er liebte den Ruhm, aber sein Ehrgeiz trennte ihn nicht ab von der Humanität.“

– Also kann ein Diktator doch geliebt werden? –

„Er kann, sagte Mussolini jetzt mit wieder gewonnener Festigkeit. Wenn ihn die Menge zugleich fürchtet. Die Menge liebt die starken Männer. Die Menge ist ein Weib.“

Zweiter Teil.
Gespräche über Metamorphosen

Als ich eintrat, sah ich Mussolini in der Ferne ein Zeitungsblatt durchfliegen, und als ich das große Meer durchschwommen hatte und an der Küste seines Schreibtisches auftauchte, löste er ein mit Bildern bedecktes halbes Blatt ab, reichte es mir herüber und sagte in ironischem Tone:

„Hier! Lauter neue Traktoren, keine Kanonen! Bitte!"

Ich sah auf dem Bilde eine Reihe von diesen modernen Elefanten langsam ankommen und sagte:

– Wenn es mir die Leute glauben sollen, daß Sie Bilder von Traktoren verschenken, dann möchten Sie freilich Ihren Namen daruntersetzen. –

Er lächelte, tat es und gab mir das Blatt zur Erinnerung wieder.

– Und doch, sagte ich, scheinen Sie recht für Kanonen geschaffen. Deshalb bezeichneten Sie neulich auch Ihre Jugend als die eines Kommunisten. Ich hielte die paradoxe Entwicklung für möglich, daß Sie, ein Abtrünniger der pazifistischesten Partei, mit steigenden Jahren zwischen lauter Kanonen sich immer mehr den Traktoren zuwenden. Ihr Vorname sollte Sie grade nach dieser Seite ziehen! –

Er sah mich amüsiert und schweigend an, während ich fortfuhr:

– Oder glauben Sie nicht an die magische Macht eines Namens? Sonderbar, daß ein Schmied seinen beiden Söhnen Namen gab, die zwei Empörer in der Geschichte trugen! –

„Meinem Bruder hat es nicht viel genutzt, erwiderte Mussolini. Er hatte nicht die Leidenschaft jenes Arnaldus, nach dem er hieß. Es ist schwer, Revolutionär zu werden. Man wird so geboren."

– Erkennen Sie, fragte ich wieder, wesentliche Unterschiede im Aufbau des Revolutionärs von einst und von heute? –

„Die Formen sind andere geworden. Eine Bedingung ist immer geblieben: der Mut, und zwar der physische wie der moralische. Im übrigen schafft jede Revolution neue Formen, neue Mythen und Riten: da muß man alte Traditionen benutzen und umwandeln. Neue Feste, Gesten und Formen muß man schaffen, damit die selber wieder Tradition werden. Das Fest der Aëroplane, das wir eingeführt haben, ist heute noch neu. In 50 Jahren wird es die Patina einer Tradition schmücken."

– Glauben Sie nicht, daß viele junge Leute nur Anarchisten sind, weil ihnen die Gelegenheit fehlt, zu regieren? –

„In jedem Anarchisten steckt ein verfehlter Diktator."

– Wenn Sie sich selber durch den revolutionären Geist Ihrer Jugend, durch Auflehnung und Originalität erzogen fühlen, warum zwingen Sie heute die Jugend zu Gehorsam und Ordnung und bauen eine neue Bürokratie auf, nachdem Sie sich über die alte lustig gemacht haben? –

„Sie irren, erwiderte er mit vollkommener Ruhe. Zur Zeit unserer Väter hatte die Regierung nicht genug Staatsgefühl. Ferner sind die Aufgaben der Nation heut andere: für ein Maximum von Wirksamkeit braucht man ein Maximum von Ordnung. Wir haben in Italien das verwirklicht, was in der jetzigen Phase realisierbar ist. Mit der Bürokratie mögen Sie recht haben, das ist unabänderlich. Was aber die Ordnung betrifft, so liegen hier historische Notwendigkeiten. Wir befinden uns im Dritten Akt. Jeder Revolutionär wird in einem gewissen Augenblicke konservativ."

– Dann müßten Sie tolerant werden, wenn Sie sich Ihrer Gefängnisse erinnern und jetzt frühere Freunde als Feinde sehen. –

„Ich habe auch meine Kameraden, soweit sie mich verlassen haben, in Ruhe gelassen."

– Es muß schwer sein, fuhr ich fort, als Revolutionär, das heißt außerhalb des Gesetzes, sich selber Grenzen zu ziehen. Im Jahre 11 haben Sie als Angeklagter gesagt, die Sabotage müsse einen moralischen Zweck haben; man dürfe Telegraphen zerstören, aber nicht einen neutralen Zug zum Entgleisen bringen. Das hat mir großen Eindruck gemacht. Wo liegen die Grenzen zwischen erlaubter und verbotener Revolution? –

„Die müssen von jedem einzelnen moralisch begriffen und gedeutet werden."

Ich ergriff die Gelegenheit, um ihn nach seinen letzten Absichten aus jener Zeit zu befragen:

– Wenn Sie nun im Jahre 13 als Aufrührer auf der Piazza in Mailand Erfolg gehabt hätten, was wäre gekommen? –

„Damals? Die Republik", erwiderte er scharf und rasch, als hätte das Wort nur eine Silbe.

– Wie gehen, fragte ich wieder, diese Ideen mit einem Nationalismus zusammen, der damals in Ihnen schon vollkommen entwickelt schien? –

„Kann man als Republikaner nicht ebenso Nationalist sein wie als Monarchist, – und vielleicht mehr? Ich denke, wir haben Beispiele."

– Wenn also, sagte ich, der Nationalismus von der Staatsform, ebenfalls von der Klassenfrage unabhängig ist, so muß er sich wohl nach der Rasse richten. Glauben Sie wirklich, daß es noch reine Rassen in Europa gibt, wie gewisse Forscher verbreiten? Daß wirklich die Einheit der Rasse stärkere nationale Kräfte verbürgt? Und sind Sie nicht in Gefahr, daß die Apologeten des Faschismus, wie es Professor X getan hat, denselben Unsinn über das Lateinische verbreiten, wie die nordischen über die „blonde Edelrasse" und dadurch die Kriegsgefühle steigern? –

Mussolini wurde lebhaft, denn in diesem Punkt fühlt er sich, vielleicht durch die Übertreibung gewisser Faschisten, leicht mißverstanden. Schon früher hatte er mir seinen Standpunkt zwischen bestimmten Grenzen abgesteckt. Er sagte:

„Natürlich gibt es keine reine Rasse mehr, nicht einmal die Juden sind unvermischt geblieben. Grade aus glücklichen Mischungen hat sich oft Kraft und Schönheit einer Nation ergeben. Rasse: das ist ein Gefühl, keine Realität, 95 Prozent sind Gefühl. Ich werde nie glauben, daß sich die mehr oder weniger reine Rasse biologisch beweisen läßt. Die Verkünder der germanischen Edelrasse sind komischerweise alle keine Germanen: Gobineau Franzose, Chamberlain Engländer, Woltmann Jude, Lapouge wieder Franzose. Chamberlain hat sich sogar dazu verstiegen, Rom die Hauptstadt des Chaos zu nennen. Entsprechendes wird bei uns nie vorkommen. Der Professor, auf den Sie anspielten, war ein Dichter. Der Nationalstolz braucht durchaus keine Delirien der Rasse."

– Der beste Beweis gegen den Antisemitismus, sagte ich.

„Antisemitismus existiert nicht in Italien, sagte Mussolini. Die jüdischen Italiener haben sich als Bürger stets bewährt und als Soldaten tapfer geschlagen. Sie sitzen in hervorragenden Stellungen an Universitäten, in der Armee, in den Banken. Eine ganze Reihe sind Generäle: der Kommandant von Sardinien, General Modena, ein General bei der Artillerie."

– Und doch, sagte ich, arbeiten die Emigranten in Paris öffentlich gegen Sie mit dem Argument, Sie hätten den Eintritt der Juden in die Akademie verboten. –

„Absurd, sagte er. Bisher hatte sich nur keiner dafür gefunden. Jetzt hat Della Seta kandidiert, einer unserer größten Gelehrten, der die Vorgeschichte Italiens geschrieben hat."

– Sie begegnen sich, sagte ich, in dieser Haltung mit allen großen Männern der Geschichte. Denn auch die in Deutschland verbreitete Version von Bismarcks oder gar Goethes Antisemitismus ist eine Fabel. Die Franzosen haben eine gewisse Anomalie ganz zu Unrecht le vice allemand genannt. Man sollte so den Antisemitismus nennen. –

„Wie erklären Sie ihn?" fragte Mussolini.

– Immer, wenn es den Deutschen schlecht geht, sollen die Juden schuld sein. Und jetzt geht es ihnen besonders schlecht. –

Er sagte:

„Aha! Der Sündenbock!"

Ich kehrte zum vorigen zurück:

– Wenn also weder Rasse noch Staatsform den Nationalismus entscheiden, ist es vielleicht die gemeinsame Sprache? Aber das alte Rom hatte wie alle Imperien eine Menge Sprachen, und auch in der jüngsten Geschichte konnte ich die Vielheit der Sprache nirgends als Quelle der

Ohnmacht erkennen. Habsburg ist zwar geschlagen worden, aber die Schweiz blüht. –

„Auch die Einheit der Sprache entscheidet nicht, sagte Mussolini. Österreich ist nicht an der Vielsprachigkeit zugrunde gegangen, sondern an dem Zwang, der so viele eroberte oder ererbte Völker unter einem Szepter festhielt, während sich in der Schweiz drei Teile mit drei Sprachen freiwillig und spontan zusammengeschlossen haben; da dort der dritte Teil an Zahl so gering ist, könnte man auch von zweien reden. Die Schweiz hat sogar die Neutralität grade deshalb aushalten können, weil diese beiden Elemente nach den zwei kriegführenden Parteien tendierten und sich deshalb die Wage hielten. Ich halte die Schweiz für ein sehr wichtiges Glied in der Staatenkette Europas, denn eben durch ihre Mischung kann sie manche Reibung zwischen den beiden großen Rivalen an ihrer Grenze abschwächen."

– Wenn Sie die verschiedenen Sprachen so wenig stören wie uns, sagte ich, so können Sie auch für keine Weltsprache sein. –

„Es bildet sich eine Art Weltdialekt, erwiderte er, Technik und Sport bilden ihn von selbst. Aber ein Esperanto würde alle Literatur verderben, und was wird aus der Welt ohne Dichtung!"

– Und doch sehe ich hier bedeutende Widersprüche. In Ihrer Jugend haben Sie leidenschaftlich gegen die österreichische Verwaltung geschrieben, die den Tischlern in Bozen verbot, ihr eingeborenes Italienisch zu gebrauchen. „Wenn eine Sprache gewaltsam aufgezwungen wird, so werden wir mit Gewalt antworten." Dieses Wort, geschrieben von einem Sozialisten, also Weltbürger, ist an nationaler Leidenschaft gar nicht zu überbieten. Warum, frage ich mich und Sie, warum machen Sie es heute nicht besser als damals die Österreicher? Warum avancieren Sie nicht auch in diesem Punkte ins 20. Jahrhundert? –

„Ich tue es, antwortete Mussolini mit voller Ruhe. Ich bemühe mich durchaus, zu avancieren. Die Südtiroler werden nicht gezwungen: 180 000 Deutsche, unter ihnen viele slawische Eingewanderte, so daß die sogenannte Reinheit auch hier nicht feststeht. Wenn wir sie Italienisch lehren, so liegt das in ihrem Interesse als italienische Bürger, die sie sind. Es gibt aber deutsche Zeitungen dort, Zeitschriften, deutsche Theater. Wir tun nichts, um ihnen den Zusammenhang mit der deutschen Abkunft zu rauben. Und wenn sie nicht an der Grenze lebten, sondern im Zentrum, so würden wir sie noch mehr in Ruhe lassen können. Natürlich ist eine einheitliche Sprache auch ein Element der Kraft. Das haben alle Regierungen begriffen und sie deshalb gefordert."

– Alles neunzehntes Jahrhundert, sagte ich. So, wie die Politik des deutschen Kaiserreichs in Polen und Elsaß ebenso kurzsichtig war wie die polnische und französische heut in denselben Ländern. Man fühlt sich eben nicht sicher! Sie sollen den umgekehrten Fall, nämlich den der Ausgewanderten mit nationaler Leidenschaft behandeln. Erscheint es Ihnen wirklich so wichtig, daß die in Amerika wohnenden Italiener ihre Muttersprache sprechen? Ich habe in Chicago eine solche Gruppe italienisch angesprochen, und sie haben mir englisch geantwortet. –

„Sie irren, erwiderte er. Wir haben als Grundsatz von unseren Landsleuten gefordert, dem Staate treu zu sein, in dem sie leben. Sind sie dort Vollbürger, so zählen sie; gebärden sie sich als Extrabürger, so sind sie Heloten. Seit wir die Politik der Assimilation verfolgen, sind viele geborene Italiener drüben in hohe Stellungen gerückt."

– Also liegt, so schloß ich, auch in Sprache und Rasse kein unüberwindliches Fatum, das die Völker gegeneinander führt? –

„Fatum! sagte er spöttisch. Von Fatum reden die Staatsmänner immer nur, wenn sie was falsch gemacht haben."

– Eine vierte Begründung des Nationalismus, so fuhr ich in meiner Analyse fort, habe ich überall in den „historischen Ansprüchen" gefunden. So haben Sie einmal von einer Kolonie gesprochen, die schon zum antiken Rom gehörte. –

„Das war eine literarische Wendung, erwiderte er rasch. Ich sprach von Lybien, wo zu jener Zeit niemand war. Wollte sich eine Regierung in Rom auf das antike Rom beziehen, so müßte er ja Glasgow, Portugal, die Schweiz, Pannonien und so ziemlich Europa zurückfordern!"

Bei solchen Ironien bleibt Mussolini vollkommen ernst, und zwar nicht wie ein guter Erzähler, der seine Pointe nicht durch Lachen verderben will, sondern weil er dergleichen grimmig ernst meint und sich gegen jede Darstellung wehrt, die ihn im Geistigen herabsetzen könnte. Nach einem Übergang, der mir nicht mehr gegenwärtig ist, kam ich auf die physiognomischen Folgen nationaler Erziehung zu sprechen:

– Es scheint, der Faschismus verändert die Gesichter der Italiener. Ich weiß nicht, ob ich mich darüber freuen soll. Goethe sagte, in einem italienischen Antlitz ist der Finger Gottes sichtbarer als in einem deutschen. –

„Das hat eine moralische Ursache, sagte er. Es kommt mehr Spannkraft in die Gesichter. Der Wille zur Bewegung verändert die Züge, natürlich auch Sport und Körpererziehung. Es sieht ja auch ein Handwerker ganz anders aus als ein Fabrikarbeiter."

– Man hat Ihren Kopf, sagte ich, mit dem Colleoni verglichen. Das ist, wie die meisten Ähnlichkeiten, nur zeitweise richtig. In Italien versteht man unter dem Condottiere eine zweifelhaftere Natur als wir seit Nietzsches Interpretation. Montefeltre war ein Denker. –

„Nietzsche hat recht, sagte Mussolini, indem er vom Persönlichen sich auf die objektive Planke rettete. Die Condottieri waren durchaus nicht brutal. Vielleicht einmal im Leben war so einer ein wildes Tier. Im allgemeinen waren sie nicht wilder als andere: die Zeiten waren es."

– Gefällt Ihnen der Vergleich? fragte ich. –

Er sah mich mit seinem durchdringenden Blicke an, schob den Unterkiefer vor und schwieg. Jetzt sah er wirklich aus wie der Colleoni.

Gründe zum Kriege

Im Luftministerium hatte mir Balbo sein ganzes Reich gezeigt, buchstäblich vom Keller, der Wirtschaftsräume nach Art der großen Dampfer einschließt, bis zum Dach, auf dem die Beamten abends Tennis spielen. Die konstruktive Leidenschaft, die auch die jungen Italiener heute beherrscht, ist hier mit dem angebornen Sinn für Schönheit vereint. Dieser Bau, der jüngste und schönste, auf den sie alle stolz sind, ist halb russisch, halb amerikanisch. In Moskau habe ich ein paar Tausend Menschen genau so praktisch, rasch und hygienisch zusammen essen sehen wie hier, wo die halbe Stunde des Lunch mit Musik, und wo die Wände mit Karikaturen aus dem Flugwesen erhellt werden. Nur gibt es in Moskau drei Klassen zu verschiedenen Preisen, während hier alle, vom Minister bis zur jüngsten Sekretärin nebeneinander dasselbe essen, aber gemäß ihrem Gehalt zwischen 2 und 8 Lire dafür zahlen. Balbo war auf die Rohrpost, mit der er in alle Büros einen thermophorisch heiß gehaltenen Kaffee schicken kann, stolzer als auf seinen Flug nach Südamerika.

– Er scheint ein halber Dichter, schloß ich meinen Bericht. Sentenzen und Orakel umgeben ihn an allen Wänden seines Saales. –

„So sind die meisten Flieger, sagte Mussolini. Er hat auch ein Buch geschrieben, ist überhaupt äußerst fähig."

– Schade, sagte ich, daß 90 Prozent Kriegsfliegerei in diesem Hause verwaltet werden und nur 10 Prozent zivile. Die Freude an der Technik wird einem heute beständig durch diese Gedanken verdorben. –

„Sie sehen überall Gespenster", sagte er und sah mich spöttisch an.

– Ich erinnere mich nur dessen, was wir erlebt haben. –

„Ich habe, sagte Mussolini, Ihr Buch ›Juli 14‹ gelesen, in dem Sie die Dummheiten und Verbrechen von zwei Dutzend Staatsmännern beider Parteien schildern. Das ist vollkommen richtig dargestellt. Und doch sehe ich über oder, wenn Sie wollen, unter diesen Intrigen der Diplomaten noch tiefere Gründe zum Kriege. Sie sagen ja selbst, daß Sie nur den Juli, also nicht die Entwicklung von weither schildern wollten. Ja, er war eine Notwendigkeit geworden. Es waren zu viel Motive und Spannungen akkumuliert: das Drama mußte sich entwickeln. Sie hatten den Teufel gerufen: da ließ er sie nicht mehr los."

– Und doch, erwiderte ich, haben Sie selbst geschrieben, die Skrupellosigkeit der europäischen Regierungen vor dem Kriege sei eine Schande der Menschheit. Sie haben auch im Juli 14 noch geschrieben: „Abasso la guerra!" Daß Sie Ihre Anschauung wechselten, können Ihnen nur Ideologen übelnehmen. Wer in all diesen Ereignissen seine Anschauungen nie geändert hat, beweist nur seinen Starrsinn vor der Macht der Realitäten. Auf die Motive kommt es an: die Motive Ihrer Handlungen möchte ich verstehen. Gestern hat mir der Marchese N., einer der Unterhändler von Versailles, als Hauptmotiv Italiens zum Kriege die Furcht vor dem Verhungern genannt, dem das Land durch die englische Flotte weit schlimmer ausgesetzt gewesen wäre, als Griechenland, das man zuerst in Ruhe ließ. –

Mussolini legte beide Arme auf die Tischplatte und beugte sich vor; das ist keine Kämpferstellung, aber eine sammelnde und entschlossene Bewegung, die man nur bei gefaßten und klaren Menschen finden wird. –

„Das Motiv, das Sie nennen, so fing er an, spielte mit, war aber nicht das entscheidende. Freilich war die Lage unserer Halbinsel schon geographisch gefährlich. Aber meine Gedanken waren auch in dieser Frage revolutionäre Gedanken. Die Erklärung der Neutralität war die erste revolutionäre Tat gegen die Regierung, denn diese konnte ja theoretisch Verträge haben, die sie an die Zentralmächte bannten. Die Verletzung der Verträge durch den Grafen Berchtold kennen Sie."

Ich erwiderte: – Wenn Italien damals so tief historische Gefühle für Frankreich äußerte, warum erinnerte sich niemand, daß Frankreich Italien in Villafranca um den halben Siegespreis gebracht hat, während es Preußen war, das durch seine Kriege von 66 und 70 gegen Österreich und Frankreich überhaupt erst die Möglichkeit für Italien geschaffen hat, sich zu einigen. –

Er nickte und sagte: „Das ist vollkommen wahr. Aber da sprach eine Menge moralischer Gründe dagegen, die Invasion vor allem. Frankreich auf der andern Seite wurde um diese Zeit sehr geliebt, und die französische Propaganda konnte mit Demokratie, Freimaurern und andern Elementen arbeiten. Vor allem waren die Habsburger verhaßt, und gegen diese, nicht gegen Deutschland sind wir ja faktisch zu Felde gezogen. Die Strömungen waren verschieden, flossen aber zusammen: die Nationalisten wollten Vergrößerung des Landes, die Demokraten wollten Trient, die Syndikalisten wollten den Krieg, um aus ihm die Revolution zu entwickeln, bei diesen stand ich. Zum erstenmal war der größte Teil der Nation zu einem aktiven Entschluß gekommen, entgegen den Parlamentariern und Politikanten. Das war eine Sache nach meinem Sinn."

– Konnten Sie sie nicht billiger haben? fragte ich. Wenn die Sozialisten in Berlin und Paris ohne Vorbehalt mitgingen, so bleibt das zwar, pragmatisch gesehen, unverzeihlich, wird aber von jenem Zeitpunkt aus gesehen verständlich, denn in beiden Ländern glaubten sie sich überfallen. Nur Italien war in der glücklichen Lage, bewaffnet zuzusehen und dann bei Friedensschluß mit einer intakten Armee umsonst durch bloße Drohungen vor ermüdeten Siegern sich einen Siegespreis zu holen. Warum hat Italien nicht diesen Weg gewählt? Es wurde damals viel von der Ehre der Nation bei Ihnen und wohl auch von Ihnen geschrieben. Also war es diese Ehre, die Sie zum Schlagen zwang? –

„Der Neutrale, sagte Mussolini, wird immer antipathisch, so wie einer, der sich drückt, sich zu schlagen. Aber das war nur das erste, das sentimentale Motiv. Das wichtigere lag in der Überlegung, daß wir, wer auch siegte, am Schluß einer Koalition gegenüberstehen würden. Deutschland als Sieger hätte uns die Neutralität nie verziehen, und die Entente hätte uns noch viel verächtlicher behandelt, als sie es sogar mit dem Verbündeten in Paris zu machen wagte. Wir mußten mit der Möglichkeit rechnen, allein gegen eine Menge Staaten zu kämpfen, selbst wenn sie ermüdet waren. Das dritte, mein persönlichstes Motiv, lag in der Wiedergeburt Italiens, die ich erhoffte und die ich erreichte."

– Aber es war doch Ihre eigne Partei, warf ich ein, die den Geist des Landes aufgelöst oder doch aufgelockert hatte! Gut. Sie verließen die Partei und schreiben: „Ich war frei". Heißt das, ohne Dogma oder ohne Partei? –

„Ohne Partei, erwiderte er. Aber auch als früherer Sozialist muß ich Ihnen widersprechen. Bei uns war der Sozialismus im Gegensatz zu andern Ländern ein vereinigendes Element. Das anerkennen alle italienischen Historiker: für Einen Gedanken und für Eine Nation. Von 1892, wo sie sich von den Anarchisten auf dem Kongreß von Genua getrennt hatten, bis 1911, also zwei Jahrzehnte lang haben unsere Sozialisten für ein einiges Italien gekämpft. Dann kamen die Debatten und Tendenzen und mit ihnen die Décadence. Da dachte ich, eine große Bewegung des ganzen Volkes müßte die Einigkeit der Nation moralisch festigen, mit oder ohne Sozialismus."

– Wenn nun aber, fragte ich wieder, die deutschen und französischen Sozialisten gegen den Krieg aufgestanden wären, mindestens die Kredite nicht bewilligt hätten? –

„Das ergab eine ganz andere Lage, rief er lebhaft. Wenn sie dies getan und sich gehalten hätten, wäre alles anders geworden."

– Was dachten Sie bei der Ermordung von Jaurès? –

Mussolini machte eine Pause: „Ich habe ihn gekannt, sagte er dann. Bei seiner Ermordung dachte ich, daß dies ein Faktum sei, wie es die Fatalität der Ereignisse mit sich bringt."

– Wäre Italien ohne Sie neutral geblieben? –

„Wir waren drei, erwiderte er. D'Annunzio, der die Jugend, die Universitäten entflammte, nachdem er schon seit Jahren Begeisterung für die Flotte durch sein ›Nave‹ erregt hatte; dann Corridono, der die Masse der Arbeiter führte und später fiel, und ich, der die sozialistische Partei umwälzte."

– Als die Partei Sie ausschloß, sagte ich, sollen Sie unter dem Pfeifen und Heulen des Saales ausgerufen haben: Ihr haßt mich, weil ihr mich noch immer liebt! Ein schönes Wort. Ist es wahr? –

Er nickte, und ich kam auf seine nationalen Anfänge zurück. Er sagte:

„Ich hatte schon im Jahre 11 als Sozialist geschrieben, der Gordische Knoten von Trient könnte nur mit dem Schwerte durchhauen werden.

Um dieselbe Zeit habe ich geschrieben, daß der Krieg meist das Vorspiel einer Revolution ist. So war es im Anfang des Krieges leicht für mich, die russische und die deutsche Revolution öffentlich vorauszusagen."

– Sie standen unter dem Eindruck der „beiden Deutschland" und haben an alle Grausamkeiten geglaubt. –

Er nickte: „Ich habe deutsche Literatur und Musik in all den Jahren weiter getrieben, aber zugleich an die belgischen Greuel geglaubt. Später aber, als ich sie widerlegt fand, habe ich dies öffentlich im Senat zum Erstaunen gewisser belgischer Kreise festgelegt. Das waren ganz einfach die Grausamkeiten des Krieges, nicht die der Deutschen. Ein italienischer Pastor, Protestant, wohnhaft in Amerika, ist von dort im Kriege nach Belgien geschickt worden, um Beweise für die deutschen Greuel hinüberzubringen. Er schrieb mir einen kuriosen Brief: er habe sie überall gesucht, denn man brauchte sie zur Kriegspropaganda. ›Leider konnte ich in monatelangem Suchen keine Greuel finden‹."

– Sie haben also, schloß ich, *Ihren* Krieg gemacht und *Ihre* Revolution. Sie haben beide gewonnen. Im Sinne Nietzsches, der Ihre und meine Anschauungen verbindet, lassen Sie mich nun fragen: wo lag für Sie das tiefste Motiv? Die österreichische Verwaltung im Tridentino war nicht schlecht, die italienische Bürokratie dagegen haben Sie beständig angegriffen. Da kann ich Ihre gewaltsame Lösung nur verstehen, wenn Sie diese Verwaltung, diese Regierung selber machen wollten. War also Ihr Sinn vor allem darauf gerichtet, Italien nach *Ihrer eigenen* Vision zu gestalten? –

„So wars," sagte er in entschlossenem Tone.

– Gut, daß Sie es sagen, erwiderte ich. Die meisten fürchten sich in solchem Fall und machen Phrasen. –

Er sah mich finster an und sagte: „Ich suche niemals ein Alibi."

Auf dem Wege zur Macht

Bleich und mißmutig saß Mussolini unter seiner Lampe, er raschelte mit der Zeitung, als ich meine 20 Meter lange Wanderung von der Pforte bis zu ihm abschloß; neben ihm, auf dem sonst immer spiegelblanken Schreibtisch lag ein dickes Aktenstück. Da ich außerdem wußte, daß die beiden Herren, die ihn vor einer Minute verlassen hatten, Direktoren einer Großbank waren, so sagte ich:

– Sie sind heute müde. Wollen Sie's lieber verschieben? –

„Ich habe die Bilanz der Banca di Roma durchgehen müssen," sagte er und stützte den Kopf ein. „Reden wir weiter. Das wird mich erfrischen."

Seine Anstrengung drückte sich im folgenden darin aus, daß er ungewöhnlich kurze, scharfe Antworten gab. Ich fragte:

– Hatten Sie solche Momente der Ermüdung, der Verzweiflung nicht manchmal im Kriege? Sie sprechen in Ihren Artikeln, besonders nachher so bitter von Brüderlichkeit, daß ich eine Enttäuschung über alles Geschehene herauslese, auch über den Sieg. Einmal schrieben Sie ungefähr: der Keim der Dekadenz steckt schon in einer siegreichen Nation. Das ist beinah zu philosophisch, um von einem aktiven Manne zu stammen. –

Er zog den Mund herunter und sah mich mit einem leeren Blicke an, als er erwiderte:

„Mußte man nicht manchmal müde werden, als diese Dekadenz Jahre nach dem Siege anhielt? Jedes Volk hatte heldenhafte Anstrengungen gemacht. Aber uns schien, als entginge uns der Preis."

– Daß Sie sich in Paris betrogen fühlten, läßt sich begreifen, sagte ich. Aber warum sprechen Sie und die Ihrigen von einem Fiume „sacrificato", nur weil es Ihre Freunde von gestern, die Alliierten festhielten? Einer, der damals im Vordergrunde stand, sagte mir, Fiume wäre erst durch das Plebiszit in die Debatte geworfen worden und habe damals Orlando, diesen Parlamentarier par excellence, magisch angezogen, nur weil es ein populäres Stichwort war. Warum wurde Fiume gleich nach dem Kriege heilig gesprochen, als wäre es eine Stadt italienischer Geschichte und Kultur wie Florenz oder Bologna? –

Er sah noch immer dumpf vor sich hin und sagte:

„Das war durchaus kein parlamentarischer Trick. Fiume war eine italienische Stadt, uns teuer wie jede andere. Dort waren Irredentisten wie in Triest und Trient, die zu uns wollten."

Ich sprach von den vielen Fiumanern, die in Wahrheit d'Annunzio abgelehnt haben sollen.

„Er ist vom Volke vergöttert worden! Natürlich wird eine solche Lage nach 12 Monaten drückend. Aber es besteht kein Zweifel, daß wir Fiume d'Annunzio verdanken."

Er sagte das kurz, dumpf, ohne innere Bewegung, als eine bloße historische Wahrheit, die man anerkennen muß. Ich kam auf den Frieden zu sprechen, zitierte einige Urteile aus dem Kreise der damaligen Delegierten und fragte dann:

– Halten Sie Italiens Verluste auf der Friedenskonferenz für eine persönliche Schuld Orlandos? Liegt es vielleicht in seinem Charakter begründet? Wenn man gewisse Faschisten hört, so glaubt man, er wäre der letzte der Menschen. –

„Die diplomatische Lage war schwach. Auch andere wären in Paris vielleicht gescheitert."

– Warum also diese allgemeine Verbitterung? fragte ich wieder. Wenn wir die Reihe der Sieger historisch betrachten, so scheint uns Italien das einzige Land, das seinen Spezialfeind nicht bloß geschlagen, sondern aufgelöst hat. –

„Wissen wir."

Als ich sah, daß ich so nicht weiterkam, lenkte ich auf die Sozialisten jener Epoche über, um ihn zu reizen:

– Eigentlich geht es Ihnen persönlich nicht anders, sagte ich. Auch Sie sind der einzige, der seinen Spezialfeind aufgelöst hat. Aber was beweist es gegen das System, wenn die sozialistischen Führer und Massen in den Jahren 18-21 sich schwach erwiesen? Gab es nicht auch unfähige Generale bei Ihnen, und doch haben Ihre Truppen gesiegt? –

„Einzelne. Aber dort war es doch eine Masse!"

– Und diese Masse war nur mit ihren eigenen Mitteln zu bekämpfen? Die Verbrennung des Avanti, die Zerstörung der Telegraphen, war das nicht russische Taktik? –

„Große Ähnlichkeit. Unsere Taktik war russisch."

Mit dieser militärischen Art von Antworten, die ihm sonst fremd ist, wollte er heute seine Abspannung überwinden, vielleicht auch dem militärischen Gegenstand entsprechen. Eine neue Form der Antwort, dachte ich: durch ihre Kürze nur noch entschiedener. Ich suchte einen Übergang und fragte dann:

– Wollten Sie wirklich im Jahre 21 auf die Führung Ihrer jungen Partei verzichten? –

„Nein, sagte er, noch immer grollend und kurz wie zuvor. Ich forderte, sie sollen meine Ideen annehmen, oder ich ginge. Es galt aus einer Masse eine Partei zu machen."

– Warum warteten Sie damals noch ein Jahr, während viele Ihrer Leute losschlagen wollten? –

„Wäre ein Irrtum gewesen."

– Damals, sagte ich, sollen Sie nach dem Bericht eines meiner Freunde bei Ihrem Besuch in der Wilhelmstraße gesagt haben: ›Zur Zeit gibt es nur zwei Kräfte in Italien, ich und der König.‹ –

„Stimmt."

– Als Sie dann, fragte ich weiter, im Herbst 22 dem Ministerium Facta Ihre Bedingungen sandten, waren Sie sicher, daß er ablehnen würde? –

„Sicher. Wollte Zeit gewinnen."

– Was halten Sie eigentlich davon, daß Generäle, so wie die vier, die den Marsch auf Rom ausführten, ihren Eid brechen und Revolution machen, um sich einer neuen Unternehmung anzuschließen? –

„In gewissen historischen Krisen kann das geschehen."

– Ihre Proklamation war schon vorher gedruckt. Hatten Sie nicht das Gefühl, dem Schicksal vorzugreifen? –

„Kein Augenblick war zu verlieren."

– Wie erklären Sie sich den Mangel an Widerstand beim Marsch auf Rom? Dasselbe Schauspiel wie bei uns am 9. November. –

„Dieselben Gründe: veraltetes System."

– Es heißt, der König hatte den Belagerungszustand schon unterschrieben? –

„Ja."

– Waren Sie, wenn er dabei geblieben wäre, im Falle des Widerstandes Ihres Sieges sicher? –

„Hatte das Po-Tal in Händen, in dem die Geschicke Italiens immer entschieden werden."

– Wie konnten Sie, ein Soldat, in den letzten Wochen so weit vom Zentrum der Aktion es aushalten? –

„Ich habe in Mailand befehligt."

– Als Sie dann das Telegramm des Königs erhielten, die Regierung zu übernehmen, fragte ich weiter, waren Sie überrascht oder hatten Sie das erwartet? –

„Erwartet."

– Waren Sie auf der Reise nach Rom in der Stimmung eines Künstlers, der sein Werk beginnt, oder eines Propheten, der berufen wird? –

„Künstler."

Jetzt war er mir doch zu einsilbig geworden, und so griff ich, um ihn aufzumuntern, zu einer Anekdote:

– Entsinnen Sie sich, was Napoleon zu seinem Bruder sagte, als er nach dem Staatsstreich in die Tuilerien einzog? „So. Da wären wir. Nun kommt es darauf an, hier zu bleiben". –

Diese Geschichte war ganz nach seinem Sinn: Mussolini fühlte sich getroffen, lachte: mit einem Male war der Bann gebrochen, den die Bankdirektoren auf seine Nerven geübt hatten. Sogleich kehrte er zu seiner, in Formulierungen und Stimme ausgedrückten Serenität zurück, und als ich ihn nach seinen innerlichen Vorbereitungen zur Führerrolle fragte, schob er die dicke Bilanz an die Ecke des Tisches, legte die Arme auf die Platte und erzählte:

„In der Hauptlinie hatte ich mich vorbereitet, nicht im Detail. Zuerst überstürzten sich die Aufgaben. In 48 Stunden hatte ich 52 000 revolutionäre Soldaten aus der Hauptstadt abzuschieben und diesen aufgeregten Jünglingen jeden Zugriff zu verbieten. In diesen ersten Tagen mußte ich alle Entscheidungen treffen, um die Maschine anzutreiben. Dabei fehlte mir die Kenntnis vom Mechanismus der Verwaltung. Einige hohe Beamten schickte ich gleich weg, aber viele behielt ich. Was Sie die ›Geheimräte‹ nennen, das mußte sofort, in der ersten Woche zur Überzeugung kommen, daß mit uns nicht zu spaßen war. Eben zuerst mußten wir uns diesen gefährlichen Organen anvertrauen."

– Grade dies Faktum, sagte ich, hat unserer deutschen Revolution den Funken geraubt: die alten Geheimräte waren stärker als die neuen Führer und betrogen sie. Aber wie fängt man eine neue Regierung an: wie eine Statue oder wie ein Haus im Walde, wo man zuerst eine Menge Bäume fällt, um Platz zu schaffen? –

„Das ist interessant, sagte er und wurde lebhaft. Die meisten Revolutionen fangen mit 100 Prozent an, dann zieht sich der neue Geist mehr zurück, vermischt sich mit dem alten, in vielen Punkten wird nachgegeben, und bald ist man auf 50 Prozent oder weniger angelangt."

– Der Fall Deutschland, warf ich ein. –

„Wir haben es umgekehrt gemacht, fuhr er fort. Ich habe mit 50 Prozent angefangen. Warum? Weil die Geschichte mir gezeigt hatte, daß der Mut der meisten Revolutionäre nach dem ersten Ansturme verbraust. Ich habe mit einer Koalition angefangen und erst nach 6 Monaten die Katholiken weggeschickt. In andern Ländern sind die Revolutionäre allmählich nachgiebig geworden, bei uns mit jedem Jahre immer schroffer und entschiedener. Erst voriges Jahr haben zum Beispiel die Professoren den Eid geleistet. Ich habe die Demokraten genommen, wie ich sie fand, habe den Sozialisten die Möglichkeit zur Teilnahme an der Regierung gegeben. Turati, der gestern gestorben ist, hätte es vielleicht gemacht, aber die Baldesi e tutti quanti ließen sich wieder einmal die besten Gelegenheiten aus Starrsinn entgehen. Da ich eine völlige Erneuerung der Nation vorhatte, mußte ich sie langsam daran gewöhnen und ihre starken Kräfte benutzen. Die Russen konnten es anders machen, die fanden einen leeren Platz vor und konnten ihn vollends ausrotten, um das Haus im Walde zu bauen. Wo aber wären wir heute, wenn ich erst alles niedergerissen hätte!"

Er war lebhaft geworden, alle Müdigkeit war fort.

– Ihre Feinde haben Ihnen geholfen, sagte ich, indem sie aus dem Parlament auswanderten. Haben Sie das damals vielleicht gewollt? –

„Natürlich! rief er aus. Die haben sich auf den Aventino zurückgezogen, und das ist ein Hügel, der allen Unglück bringt, die hinaufgehen.“

– Und haben Sie, fragte ich weiter, bei Ihrer Revolution im crescendo zuerst oder später mehr guten Willen und Talent gefunden? –

„Später. Heut ist doch der Glaube da!“

– Haben Sie das vorausgewußt? Sind Sie mit der Idee gekommen, zehn Jahre oder länger an diesem Tische zu sitzen? –

Er machte sein ironisches Gesicht, bei dem er die Augäpfel rollen läßt, als wollte er Furcht erregen, dabei aber lacht, um diese gleich zu verscheuchen. Dann sagte er leise, indem er einen geheimnisvollen Ton ironisierte:

„Ich bin gekommen, um so lange wie möglich zu bleiben.“

Dritter Teil.
Gespräche über Probleme der Macht

Menschenbehandlung

Er war in sein Gleichmaß und seine unerschütterliche Geduld längst zurückgekehrt, als ich ihn anderntags zur gleichen Stunde am gleichen

Schreibtisch fand. Ich war indessen im Geiste den Wegen gefolgt, die er inzwischen gemacht haben mochte, und zwar den gewöhnlichen, täglichen. Wenn ich in einem Landhause mit andern zusammen lebte, fragte ich mich zuweilen: was liegt zwischen dem Adieu von gestern abend und dem Guten Tag am heutigen Mittag? Dieselben Mienen, dieselben Kleider, und doch ist jeder von uns einen Tag älter geworden und hat das Gewöhnliche, vielleicht auch etwas Außergewöhnliches inzwischen erlebt. Dieser Mann, der mir nun schon tagelang im selben schwarzen Jackett gegenübersaß, hatte ein vielbewegtes Leben hinter sich und schien mir an diesem langen Tisch in dem Riesensaal auf eine gewisse Weise festgeschraubt, obwohl er sich hundert Bewegungen machte. Das Zufällige, Unerwartete mochte ihm fehlen, denn eine Redaktion mit ihrem Widerspruch und ihren Debatten hat viel mehr Farbe als das Büro eines Ministers.

– Bei allem, was Ihnen die Macht gebracht hat, fing ich deshalb an, muß sie Sie doch auch manches gekostet haben: einen seit Jahren liebgewonnenen Wohnsitz, einen nächtlichen Spaziergang nach großer Erregung, den beständigen Reiz des Opponenten, die schöne Freiheit, ungerecht zu sein. Zugleich begann für Sie die Pflicht der Repräsentation, die Schwierigkeit, sich unsichtbar zu machen. Sie haben einmal, ich glaube, bald nach dem Marsch auf Rom, den schönen Satz geschrieben: „Man kann von einem Zelt in einen Palast eintreten, wenn man bereit ist, wenn nötig, wieder in das Zelt zurückzukehren.“ Trotzdem denke ich mir solchen Wechsel der Lebensgewohnheiten bei einem Manne gegen Vierzig schwierig. –

„Er war geringer, als Sie annehmen, sagte Mussolini. In Mailand hatte ich gern gelebt, aber Rom, das ich zuvor doch nur als Gast kannte, hatte den pathetischen Zauber. Der historische Boden, auf dem man wirkt, hat eine magische Kraft. Das Bewußtsein, in Rom zu leben, hat in diesem Jahrzehnt eine Menge Gedanken in mir erzeugt. Wenn ich unsichtbar sein will, umschließt mich der Garten der Villa Torlonia, wo ich wohne, und daß ich dort ein schönes Pferd habe, ist der einzige Vorteil, den die Macht meinem Privatleben verschafft hat. Auch meine Lebensweise habe ich nicht verändert, bin nur noch mäßiger geworden, esse noch vegetarischer als früher, trinke nur sehr selten Wein, leite übrigens aus diesen Gewohnheiten keinerlei Religion oder Moral ab, unterstütze sogar das Weintrinken in Italien. Die Zerstreuungen der Gesellschaft habe ich von Anfang an gemieden, denn wenn ich den ganzen Tag an diesem Tisch mit Menschen gearbeitet habe, so kann ich weder den Abend, an dem ich allein arbeite, hergeben, noch die Nacht, deren Schlaf ich unbedingt brauche. Die Ordnung und Pedanterie, in deren Zucht ich arbeite, hat stets um mich geherrscht, mein Schreibtisch war ebenso eingeteilt in der Redaktion wie hier, und schon damals war mein Tag in hundert kleine Teile geteilt, um möglichst viel hineinzupacken."

– Das ist Goethische Technik, die Sie entwickeln, warf ich ein. Neulich hat mir ein hiesiger Botschafter für Ihre Arbeitsleistung die entwaffnende Erklärung gegeben: „Der Duce hat's freilich leichter als wir: der braucht nicht in Gesellschaft zu gehen. Da könnte ich auch so viel vor mich bringen!" –

Er lachte und fuhr dann fort: „Ich war durch ein beständig einsames Leben vorbereitet. Ich kann das nicht anders. Nur unter schlechtem Wetter habe ich immer gelitten und suchte mir durch Wechsel der Temperaturen zu helfen. Indessen, darin haben Sie recht, daß die Staatsraison den Menschen enger macht. Aber dafür ist es die Staatsraison!"

– Merkwürdig, sagte ich, auf wieviel Dinge die Macht die Menschen verzichten lehrt. –

„Wie jede Leidenschaft," sagte er leise.

– Welche Leidenschaft ist stärker? Revolution oder Konstruktion? –

„Beide sind interessant, antwortete er sofort. Hängt auch von der Jahreszeit des Lebens ab, in der man das eine oder das andere macht. Ein Mann von Vierzig oder Fünfzig wird lieber konstruieren wollen, besonders wenn er das andere hinter sich hat."

– In diesem Sinn, sagte ich, weicht Ihre Laufbahn von den meisten ähnlichen ab. Bismarck oder auch Victor Emanuel hatten ihr Rom nach Jahrzehnten erreicht und damit ihr Hauptwerk beendet. Sie fingen es in jener Stunde an. Um so weniger verstehe ich, warum der Faschismus noch nach zehn Jahren des Aufbaus von seiner dauernden Revolution spricht. Das erinnert an Trotzkis Theorie der Permanenten Revolution. –

„Hat aber andere Gründe, sagte er. Wir brauchen das Wort, weil es auf die Masse einen mystischen Eindruck macht. Auch auf höhere Geister wirkt es anfeuernd. Es statuiert eine Ausnahme in der Zeit und gibt dem gemeinen Manne das Gefühl, an einer außerordentlichen Bewegung teilzuhaben. In Wirklichkeit begann der Aufbau sofort. Es war zum Beispiel eine schwierige Operation, Tausende von begeisterten Soldaten wieder zu ordentlichen Bürgern zu machen. Revolution kann man zwar ohne Soldaten machen, aber nicht gegen die Soldaten. Sie ist möglich mit einem neutralen Heere, aber nicht gegen ein Heer. Außerdem mußte ich im ersten Jahre 150 000 Faschisten wieder loswerden, um die Partei intensiver zu gestalten. Erst später konnte ich anfangen, eine Elite heranzuziehen, um die Gewalt immer mehr in Ordnung zu verwandeln.“

– Wo fanden Sie dabei den größten Widerstand? Haben Sie den Adel gegen sich gefunden? – Schlägt man solche Themen an, die er hundertmal durchgespielt hat, so hebt er einen Augenblick das Kinn, wie der Dirigent den Stab zum Zeichen, daß er an bestimmter Stelle einsetzen will, und spricht rascher als gewohnt:

„Der Widerstand lag bei den oberen Ständen, aber mit dem Adel ging es ganz gut. Er bildet ja bei uns keine Kaste, wie die preußischen Junker, sondern hält sich ganz populär, der Fürst Colonna unterhält sich mit seinem Kutscher.“

Ich kam auf seine alten Kameraden zu sprechen, wie er sie alle habe befriedigen können, und ob er im allgemeinen tüchtige Männer ohne Stufenleiter avancieren ließe.

„Meine alten Kameraden, sagte er, habe ich in leitende Stellungen gebracht, soweit sie es wert waren. Altersgrenzen gibt es bei uns nicht, weder nach oben noch nach unten, aber die Jugend ist mir im allgemeinen lieber. So habe ich damals hervorragende junge Kräfte mit großer Verantwortung ausgestattet: Grandi, Stefani, Volpi, Gentile und andere hatte ich in ihren Taten beobachtet, im Gespräch geprüft und bin froh, wenn solche Männer initiativ handeln."

– Solche Männer, sagte ich, können Sie oben leichter übersehen als zwei Stockwerke tiefer. Was tut man aber gegen die Verdächtigung, die einer gegen den andern vor den gemeinsamen Chef bringt? Wie erkennt man mit Sicherheit die Treue oder Untreue eines Beamten? Wie entzieht man sich der eigennützigen Täuschung durch höhere oder niedere Beamte? Und wie durchschaut man die geheimen Absichten einer neu auftretenden Person? –

Mussolini drehte sich in seinem Sessel hin und her, denn nach ein paar Stunden voll von Konferenzen mag ihm das Sitzen doch manchmal schwer werden, und doch ist er während unserer Gespräche niemals aufgestanden, um herumzugehen. Jetzt sah ich, wie er zugleich im Kopfe mein Bündel Fragen zerlegte und in Ordnung vor sich aufreihte, bevor er erwiderte:

„An diesem Schreibtisch stehen zwei Stühle einander gegenüber, auf deren einem Sie sitzen. Da lasse ich zwei streitende Beamte sitzen und vor mir ihre Beschwerden entwickeln, von mir gleich weit entfernt, während sie einander ins Auge sehen müssen. Tritt Verdacht auf gegen einen Beamten des Staates oder der Partei, so lasse ich ihn sich hier an diesem Tisch verteidigen, wenn der Fall leicht ist. Ist der Fall schwer, so muß er schreiben. Zuweilen beobachte ich auch das Privatleben, die Handschrift, immer aber die Physiognomie meiner Leute, um Schlüsse auf ihre Zuverlässigkeit zu ziehen. Mit Geduld zuhören, mit Gerechtigkeit handeln, das ist hierin mein Motto. Vor einer neuen Person, die eintritt, frage ich mich nicht zuerst, was kann sie mir nützen, sondern welchen Nutzen sucht sie bei mir."

Ich fragte, wie er sich vor gefälschten Angaben schütze und vor Verrat von Geheimnissen.

„Die meisten Behörden im Lande, sagte er, sind mit tüchtigen Faschisten besetzt. Was sie nicht schon aus Treue tun, das tun sie aus Furcht, denn sie wissen, sie werden kontrolliert. Verrat wird furchtbar bestraft, ist aber äußerst selten, denn gewisse Schriftstücke lasse ich nur in ganz wenige Hände gelangen."

– Und wie schützen Sie sich vor den gefährlichsten Leuten in der modernen Welt, vor den Sachverständigen? –

„Von denen, sagte er, lasse ich meistens zwei mit verschiedenen Projekten auf diesen Stühlen Platz nehmen. Natürlich besteht die Gefahr, daß der Bank- oder der Armee-Experte den Chef der Regierung vor Entscheidungen stellt, deren Grundlagen ihm fehlen. Da hilft nichts, als sich selber in die Materie vertiefen und sie allmählich zu beherrschen suchen. Äußerlich wird dieser ganze Verkehr durch Schnelligkeit erleichtert. Alle formellen Dummheiten, alle literarische Bürokratie habe ich am ersten Tage abgeschafft." Er reichte mir ein Aktenstück herüber. „Hier sehen Sie einen Bericht vom Ackerbauminister und meine Bemerkung, mit der ich ihn zur Überprüfung zurücksende. Auch das Händeschütteln hat bei uns aufgehört, der römische Gruß ist hygienischer, ästhetischer und kürzer."

Nach diesen äußeren Einzelheiten ging ich auf die psychologischen über und fragte:

– Wie lassen sich die Leute fangen: mehr durch die Ehre oder mehr durch das Geld? Durch Lob oder Forderung? Durch Gewalt oder Überlegung? Und ist es schließlich dem Oberhaupt überhaupt möglich, in einem Lande ohne Pressefreiheit die allgemeine Stimmung im Lande zu erforschen, zu erfahren? –

Auf die letzte Frage hin zog er die Brauen zusammen und sah mich mißtrauisch an, als überlegte er, wer mir diese verfängliche Frage eingegeben haben könnte. Das dauert bei ihm nur eine oder zwei Sekunden. Wem er vollkommene Freiheit der Rede zugesichert hat, der hat es leicht, diesem Blick standzuhalten, worauf sich seine Stirn aufklärt und er eine ruhige Antwort gibt.

„Ich habe die Menschen mehr durch Ehre und Überredung gewonnen, als durch Geld und Gewalt. Ich lobe mit Maß, denn Lob treibt zwar die Menschen an, doch erschöpft sich leicht seine Wirkung. Die Wahrheit liegt in jedem Lande immer auf dem Grunde eines Brunnens. Den muß man ausloten und sehen, wie tief er ist. Ich bestreite aber, daß das bei Freiheit der Presse leichter sei, ja daß es eine solche überhaupt gibt. Vielmehr gehorcht sie heutzutage überall wirtschaftlichen oder politischen Interessengruppen. Ich habe mehrere Quellen der Information: Präfekten, Minister, private Bürger. So kommt die Wahrheit vielleicht langsamer, aber schließlich doch heraus."

– Die ganze? – warf ich ein.

„Die ganze Wahrheit erfährt doch niemand, fuhr er fort. Für die allgemeine Stimmung haben wir eine Menge von Anzeichen. Vor allem pflege ich das in mir, was ich den Sechsten Sinn nenne. Es ist undefinierbar."

– Und doch, sagte ich, zeigen manche Fälle, wie langsam die Wahrheit zuweilen bis zu Ihnen gelangt. Sie haben die Integrität der Beamten als eine Grundlage des Staatslebens bezeichnet. In Rußland werden Fälle der Korruption aufgedeckt. Halten Sie solche öffentliche Prozesse nicht für nützlich? Und wie stellen Sie sich zu der russischen Sitte, die Minister wie im Platonischen Staate so niedrig wie möglich zu bezahlen? –

„Unsere Minister, erwiderte Mussolini, bekommen 3-4000 Lire im Monat, also weniger als in den meisten demokratischen Ländern. Mißbräuche unter Beamten werden genau so streng und öffentlich bestraft wie in Rußland. Ein Faschist bringt sich in solcher Lage um. Der Parteisekretär in Livorno erschoß sich, weil er Gelder veruntreut hatte. Der Podestà von San Remo erschoß sich in den Katakomben, der Direktor des Genio Civile von Neapel stürzte sich ins Meer, und beide nur, weil sie vor mich geladen worden waren, ohne schuldig zu sein. Was ich über

Korruption in Demokratien lese, ist sicher nicht geringer. Es gibt keine Staatsform, die die menschlichen Schwächen ausrottet.“

Ich kehrte zu ihm zurück und fragte ihn, wie er mit seiner Menschenkenntnis sich selber behandle:

– Denn obwohl Sie sich als einen synthetischen Geist bezeichnen, sind Sie vorher ein analytischer, ein Verhältnis, das überall wiederkehrt. Deshalb nehme ich an, daß Sie viel mit den Gedanken Ihrer Gegner denken. Was tun Sie aber, wenn Sie sich geirrt haben? Ist es wichtiger, sich öffentlich zu verbessern oder den Schein der Unfehlbarkeit zu bewahren? Bismarck sagte, in gewissen Lagen muß der Staatsmann den Mut haben, zu sagen: „Morgen wird es regnen. Hat er richtig geraten, so ist er ein großer Mann.“ –

„Bei uns gibt es keine Unfehlbarkeit, sagte Mussolini. Ich irre mich zwanzigmal und sage es. Die Lage ändert sich durch den Druck der Umstände beständig, auch wenn man sich noch so sehr in Aktion und Reaktion des Gegners hineingedacht hat.“

– Und haben Sie, fragte ich, bei diesem Spiel im allgemeinen den Menschen mehr verheimlichen können oder die Menschen Ihnen? –

Er nahm den Bleistift und zeichnete auf ein Blatt eine Figur mit ihrem Schatten; dabei sagte er mehr für sich:

„Es bleibt immer ein X. Das ist der Schattenkegel.“

Er saß dabei mit geneigtem Kopf im Schein der Lampe, hielt die Spitze des akkurat gespitzten Bleistiftes an einer Ecke seiner Zeichnung fest, wie jemand, der in allem Ordnung hält, zerknüllte auch nicht, wie viele nach solchen Abweichungen tun, das Papier, legte es nur fort und sah mich von unten herauf mit jenem forschenden Blicke an, den Homer ὑπόδρα ἰδών nennt. Immer, wenn er nur ein wenig von seinem Innenleben preisgab, lenkt Mussolini ab, oder im Falle unserer Gespräche, deren Direktion er mir überließ, erwartete er eine neue Frage, wie diese:

– Warum brauchen Sie, – auch Sie die Formel: „Das Wort Unmöglich gibt es nicht?“ Sie wissen es doch besser! –

„Wenn man den Leuten das nicht einhämmert, sagte er, so schlafen sie ein und sagen auch bei einfachen Sachen, sie seien unmöglich."

– Und doch, sagte ich, erscheint mir das nur als argumentum ad feminam verwendbar. –

„Gibts nicht! rief er lebhaft aus. Es gibt keinen Einfluß der Frauen auf starke Männer."

Ich kam auf seine eigne Hygiene im Umgang mit Menschen zurück und fragte ihn, wie er die tägliche Aufregung methodisch bekämpfe; auch, ob er sich nachts wecken lasse.

„Gegen Aufregungen, sagte er, schütze ich mich durch Hungern. Wecken lasse ich mich nur bei schlechten Nachrichten, die guten haben Zeit bis morgen früh. An drei Male in 10 Jahren entsinne ich mich: beim Brande des römischen Postamtes, bei der Ermordung unserer Kommission in Albanien und bei der Erkrankung der Königin-Mutter."

– Haben Sie Umstände und Stunden beobachtet, in denen Sie mehr als in anderen produktiv sind? –

„Ich gehe, sagte er. Manchmal gehe ich in meinem Zimmer zwei Stunden auf und ab, bis ich zu einem Entschlusse komme oder zu einer Formulierung. Einfälle kommen mir am besten abends. Gegen Mitternacht. Wann hat man denn aber Einfälle? Ein Mann in meiner Lage muß vielmehr, mindestens einmal in der Woche dumm sein – oder sich doch stellen, als wäre ers. An solchen Tagen erfahre ich viele Dinge. Inspiration? Die hat man günstigenfalls zweimal im Jahre."

Wirkung auf die Massen

Zwanzigtausend Menschen füllten die Piazza Venezia, ein Dutzend Kapellen paukten gegeneinander, die Lieder, die Rufe, die Schreie der Menschen überstürzten sich, denn es war ein Festtag der Faschisten, und sie wollten ihren Führer sehen. Der Palazzo selber, den ich diesmal nur mit Hilfe eines Offiziers erreicht hatte, sonst in schweigender

Vergangenheit ruhend, war heute von Uniformen überfüllt, deren Träger die Treppen und Säle hin und her stürmten.

In seinem großen Saale war der Duce allein, aber er war in Uniform. Ein König hat mir einmal gesagt, in Uniform denke er anders als in Zivil; er meinte, schwächer. Auch hatte ich beobachtet, daß sich ein einzelner Offizier unter lauter Zivilisten ebenso maskiert und deshalb geniert vorkommt, wie ein einzelner Zivilist von hundert Uniformen ringsum irritiert wird. Auch habe ich zwei Offiziere noch nie zusammen philosophieren hören, so wenig ich zwei Denker miteinander boxen sah, obwohl beides möglich wäre.

Mussolini, der mir in Uniform fremder ist als in seinem Jackett, hatte sich in seinem Denken durchaus nicht verändert. Da zu einer gesammelten Unterhaltung der Lärm und die Erwartung draußen doch zu groß waren, erzählte ich ihm etwas aus Abessinien.

– Aber ich gehe, sagte ich plötzlich. Sie müssen ja gleich reden. –

„Fahren Sie fort“, sagte er und setzte seine Wanderung im Saale mit mir fort, bis ein Offizier anfragte, ob die Balkontüren geöffnet werden sollten. Er rief nach seiner Mütze, hieß mich vom Nebenfenster zuschauen und nach der Demonstration zu ihm kommen. Zur letzten Überlegung seiner Rede war ihm keine Minute übrig. Als ich ihn unter den immer erneuten Rufen der Menge auf den Balkon treten sah, erkannte ich in seinem Profil jenen landesväterlich-breiten, zufriedenen Zug wieder, den er zeigt, wenn er von konstruktiven Arbeiten spricht. Indem er in die brausende Menge minutenlang hinuntersah, zeigte er durchaus die Züge des Dramatikers, der ins Theater kommt und seine Schauspieler ungeduldig und parat findet, mit ihm Probe zu halten.

Plötzlich schwieg auf seinen Wink der Lärm, zugleich nahmen seine Züge eine bestimmte Spannung an, mit kräftigem Ansatz warf er der Menge im staccato seine ersten Worte zu, sprach etwa 30 Sätze, deren letzter in neuem Jubel unterging.

Als die Balkontüren geschlossen waren, wurde ganz dicht, offenbar vor der Türe des Saales im Takte „Duce! Duce!“ gerufen, er ließ öffnen, und es stürmten etwa 60 faschistische Offiziere herein, die sich um seinen Schreibtisch versammelten. Es waren die Sekretäre der Partei aus ganz Italien. Keine Spur von Ehrfurcht oder gar von strammer Haltung störte dieses familiäre Bild. Sie umringten ihn, und er fing an, mit seiner leisen, dunklen Stimme jeden, nicht etwa bei Namen, sondern beim Namen seiner Stadt aufzurufen, indem er mit dem Finger auf ihn zeigte. Manchmal suchte er, schwankte, ein paarmal ließ er sich von einem helfen, die meisten erkannte er. Alle blickten ihn an wie einen Vater, obwohl einige sein Alter haben mochten. Als er sie dann mit einem römischen Gruß verabschieden wollte, rief einer: „Duce! Photographieren!"

Er lächelte, der Diener rief den Photographen, den die Offiziere schon mitgebracht hatten, sie machten eine Gruppe inmitten des Saales, wobei sich die letzten rasch die beiden Sessel vom Schreibtisch holten, um sich daraufzustellen, es wurde beleuchtet und geknipst: alles voller Heiterkeit, mit Scherzen und komischen Anreden, voller Hingabe und Vertrauen der Gruppe zum Führer, vielleicht auch des Führers zur Gruppe. Schließlich zogen sie sich unter neuem Singen und Rufen aus dem Saal zurück.

Mussolini ging an seinen Arbeitsplatz zurück, blieb vor dem Kamin stehen, sah einen Orden, den einer der Leute im Gedränge verloren, hob ihn auf und setzte sich. Dann klingelte er und fragte den Diener über den 20 Meter breiten Abgrund hinweg, wo ich wäre. Jetzt trat ich aus der dunklen Fensternische, er lächelte, und ich dachte, wie leicht ihn einer an meiner Statt ermorden könnte. Es ist unrichtig, daß der Duce wie ein Zar bewacht wird. Er selber wollte, als wäre nichts geschehen, nach seiner Volksrede und nach dem Empfang seiner Offiziere unser Gespräch genau an derselben Stelle aufnehmen, wo er es vor einer halben Stunde abgebrochen: bei meinem Bericht über Abessinien. Ich widerstrebte, sprach von meinen Beobachtungen und fügte hinzu:

– Mich bewegt das Gleichnis dieser beiden Szenen. Am liebsten wüßte ich, was Ihnen dergleichen bedeutet. –

„Einen Beweis des Enthusiasmus", erwiderte er leise.

– Und doch, fuhr ich fort, haben Sie grausame Worte über die Menge geschrieben: man müsse Seine Heiligkeit, das Volk vom Altare reißen. Und ein andermal, wenn ich mich der Worte recht entsinne: „Wir glauben von der Menge nicht, daß sie uns Geheimnisse entschleiern könnte." Wenn also die Masse Ihnen nichts entschleiert, wie kann sie dann auf Sie wirken? Ohne Gegenseitigkeit kann ich mir eine Wirkung zwischen einem Mann und 20 000 Männern nicht vorstellen. Können Sie die Steigerung und Spannung, als die man den Faschismus definiert hat, von der Menge verlangen? Und wie lange hält ein solches Pathos überhaupt vor? –

Mussolini lehnte sich in den Schatten zurück, und als die Ketten und Orden darin verschwanden, hatte ich wieder den Denker vor mir, den ich suchte. Die kalte Glut, die er in seinen starken Momenten ausströmt, schlug zu mir herüber. Er schien einen allgemeinen Gedanken an Stelle der direkten Antwort zu verfolgen, denn er machte eine Pause, bevor er sich langsam erklärte:

„Die Masse ist nichts für mich als eine Herde Schafe, solange sie nicht organisiert ist. Ich bin keineswegs gegen sie. Ich negiere nur, daß sie sich selbst regieren kann. Führt man sie aber, so muß man sie an zwei Zügeln führen: Enthusiasmus und Interesse. Wer nur eins von beiden verwendet, kommt in Gefahr. Die mystische und die politische Seite bedingen einander. Das eine ohne das andere ist trocken, das andere ohne das eine zerblättert im Winde der Fahnen. Der Menge kann ich das unbequeme Leben nicht zumuten, das ist nur für die Wenigen. Grade darin besteht die Wechselwirkung, von der Sie sprechen. Heute habe ich nur ein paar Worte zur Piazza gesprochen, morgen können sie Millionen lesen, aber die hier unten standen, haben einen tieferen Glauben an das, was sie mit Ohren und, ich möchte sagen, mit Augen hörten. Jede Rede zur Menge hat den zweifachen Zweck, die Lage zu klären und der Masse etwas zu suggerieren. Deshalb ist auch die Volksrede zur Erregung eines Krieges unentbehrlich."

– Vielleicht sind Sie heute der größte „Experte" für Massen, sagte ich. Was bleibt denen, die kein Interesse an die Bewegung bindet? –

„Denen bleibt die Hoffnung und der Gedanke, einer schönen Sache zu dienen. Ich kenne die Masse seit 30 Jahren. In Mailand nannten sie mich den Barbarossa. Da konnte ich die Straßen leermachen!"

Ich habe Mussolini niemals etwas mit Stolz erzählen hören, nur jetzt klang seine Stimme stolz, als er sagte: die Straßen leermachen.

– Und was bedeutet darin die Musik, was bedeuten die Frauen? Die Gesten und Embleme? –

„Ein festliches Element, sagte er im gleichen schwingenden Ton. Musik und die Frauen lockern die Menge auf und machen sie leichter. Der römische Gruß, alle die Lieder und Formeln, die Daten und Erinnerungsfeiern sind unentbehrlich, um einer Bewegung das Pathos zu erhalten. So ist es schon im antiken Rom gewesen."

– Was halten Sie von Coriolan? fragte ich, angeregt durch sein letztes Wort. –

Er fing an zu lächeln, und zwar vor sich hin, machte eine große Pause, wie sie bei ihm sehr selten ist, dann sagte er nur:

„Das ist eine legendäre Gestalt. Das beste daran ist Shakespeares Drama."

Nach dieser eleganten Ausflucht verließ ich das Thema und fragte unvermittelt:

– Sie sagten mir, daß Sie Ihre Reden monatelang vorbereiten. Was kann dann also der Anblick der Menge noch ändern? –

„Das ist wie der Bau amerikanischer Häuser, erwiderte Mussolini. Erst baut man die ganze armatura auf, die Konstruktion aus Stahl. Dann wirft man Beton hinein oder Ziegel oder gebraucht kostbares Material, je nachdem. Für meine Rede zu unserem Oktoberfeste habe ich heute schon das Gerüst. Dann aber wird es von der Atmosphäre der Piazza, von den Augen und Stimmen der Tausende abhängen, ob ich Travertin hineinwerfe oder Ziegel oder Marmor oder Beton oder alles zusammen."

Mir gefiel dies Gleichnis aus seiner frühesten Beschäftigung als Maurer. Ich sagte, Lenin mochte es ähnlich gemacht haben, und er rühmte Lenins Kunst, die Masse zu disziplinieren.

– Der Faschismus, sagte ich darauf, spricht so oft von Disziplin. Wir haben in Deutschland eher zu viel davon gehabt. Wir, die wir die Italiener seit 30 Jahren studieren, fürchten, sie könnten für die Last der neuen Bewegung zu leichte Schultern haben und unter der Disziplin weniger glücklich sein, sogar vielleicht ihren Charme verlieren. –

Jetzt wurde er lebhaft und ging, angegriffen, mit echter Fechterkunst gleich in die Offensive über:

„Wenn Sie zu viel davon zu Hause empfangen haben, so muß ich sagen: wir tendieren dazu, aus Italien nicht grade eine Nachahmung des alten Preußen, aber ein ebenso stark diszipliniertes Volk zu machen. Wir haben eine synthetische Konzeption der Nation, keine analytische. Wer marschiert, wird nicht weniger, wie Sie und Ihre Freunde gern schreiben, sondern wird multipliziert durch alle, die mit ihm marschieren. Wir sind, wie in Rußland, für den kollektiven Sinn des Lebens, diesen wollen wir auf Kosten des persönlichen Lebens stärken. Dabei kommen wir nicht an den Punkt, aus den Menschen Zahlen zu machen, aber wir erfassen sie doch hauptsächlich in ihrer Funktion im Staate. Das ist ein großes Ereignis in der Psychologie der Völker, denn es wird von einem Volk des Mittelmeeres gemacht, das dafür als ungeeignet galt. Dort, im kollektiven Leben liegt der neue ›Charme‹. War es anders im antiken Rom? In der Republik hatte der Bürger nur das Staatsleben, und mit den Kaisern, als sich das änderte, kam eben die Décadence. Ja, das ist es, was der Faschismus aus der Menge machen will: ein kollektives Leben organisieren, gemeinsam leben, arbeiten und kämpfen, in einer Hierarchie, ohne Herde. Wir wollen die Menschlichkeit und Schönheit des gemeinschaftlichen Lebens. Freilich, das wundert die Fremden! Der Mensch wird im 6. Jahre in gewissem Sinn der Familie schon entführt und wird ihr vom Staate im 60. Jahre zurückgegeben. Der Mensch verliert nichts dabei, glauben Sie nur: er wird multipliziert!“

Er war lebhafter geworden als sonst, denn er war bei seinen Lieblingsgedanken. Da standen wir also an der Barriere, die einen leidenschaftlichen Individualisten von Rom wie von Moskau trennt. Es war unnötig, meine Gefühle dagegen zu entwickeln, er hatte sie gelesen; wie sollte ich mir auch einbilden, einen solchen Führer nach zehn Jahren leidenschaftlichen Kampfes aus seinen Grundvisionen zu reißen! Deshalb sagte ich nur:

– Die heutige Jugend begeistert sich an diesem Gedanken, und nicht bloß in Rom. Wir andern möchten lieber nicht multipliziert werden. Wenn Sie aber auf das antike Rom als Beispiel zurückgreifen, wenn Sie die Menge unverändert nennen, wie steht es dann mit dem sogenannten Fortschritt der Menschheit? –

„Schwer zu definieren, sagte Mussolini in ganz erkaltetem Ton. Vielleicht eine Spirale. Sorel leugnet den moralischen Fortschritt ganz, er statuiert nur einen mechanischen. Ich glaube indessen, es besteht ein moralischer, aber er ist großen Gefahren ausgesetzt. Sein Schritt ist langsam und oft ist er müde. Und dann, was ist Fortschritt? Auch im kaiserlichen Rom gab es Dichter und Philosophen. Es gab großartige Anstalten zur Volkshygiene."

Er holte aus seiner Mappe einen Zettel hervor und reichte ihn mir herüber; ich las die genauen Zahlen, die er sich notiert hatte, wieviele öffentliche Bäder und Brunnen es im Dritten Jahrhundert hier gegeben hat.

– Nur keinen Marconi, sagte ich, der heute Tausende aus dem Sturme zu retten vermag. –

„Nein, den gab es nicht," sagte er kurz, und ich erkannte aufs neue, daß dieses alte Gespräch immer unfruchtbar bleibt, weil jeder etwas anderes unter dem Fortschritt der Menschheit versteht. Ich kehrte deshalb zur Menge zurück:

– Sie haben einmal geschrieben, die Masse solle nicht wissen, sondern glauben. Halten Sie diesen Grundsatz der Jesuiten wirklich noch heute für praktikabel, mitten zwischen allen Instrumenten der Technik? –

Er sah entschlossen drein.

„Nur der Glaube versetzt Berge, sagte er, nicht die Vernunft. Sie ist ein Instrument, aber sie kann niemals der Motor der Menge sein. Heut weniger als früher. Die Leute haben heute weniger Zeit zu denken. Die Bereitschaft des modernen Menschen zu glauben ist unglaublich. Wenn ich dann die Masse in meinen Händen fühle, wie sie glaubt, oder wenn ich mich unter sie mische und sie mich beinahe zerdrückt, dann fühle ich mich ein Stück dieser Masse. Und doch bleibt zugleich ein Stück Aversion, wie sie der Dichter gegen die Materie faßt, die er bearbeitet. Zerschlägt der Bildhauer nicht manchmal aus Wut den Marmor, weil er sich unter seinen Händen nicht genau nach seiner ersten Vision gestaltet? Hier steht sogar die Materie zuweilen gegen den Bildner auf!" Er machte eine Pause, dann schloß er: „Alles hängt davon ab, die Masse wie ein Künstler zu beherrschen."

Gefahren der Diktatur

„Freiheit! sagte Mussolini mit seiner klangvoll dumpfen Stimme. Da Sie doch immer wieder darauf zurückkommen, so will ich noch einmal konstatieren, daß in unserem Staate die Freiheit dem Individuum nicht fehlt. Er hat mehr davon, als der Isolierte, denn der Staat schützt ihn, er ist ja ein Teil von ihm. Der andere ist verlassen."

– Und doch haben Sie, erwiderte ich, noch im Jahre 19, also schon als Faschist, über die Erhaltung gewisser westlicher Errungenschaften schöne Worte geschrieben: „Freiheit des Individuums, des Geistes, der nicht allein vom Brote lebt: Freiheit, anders als in den Kasernen Lenins oder des preußischen Unteroffiziers; denn das wäre Rückkehr in die Barbarei des 11. Jahrhunderts."

Er erwiderte kühl und allgemein:

„Davon haben wir soviel zu realisieren gesucht, wie heute möglich ist."

– Es gäbe ein Mittel, die Welt davon zu überzeugen. –

Er blickte mich an.

– Wenn Sie, fuhr ich fort, der ja 4 Jahre mit Opposition und Kritik regiert hat, jetzt, nach weiteren 6 Jahren, Presse und Kritik wieder freigäben! –

„Das könnte ich machen, sagte er kurz, aber es wäre unnütz. Es würde die Lage nicht verbessern. Der Kampf, ich sagte es schon, liegt heut in den Dingen."

Da an diesem Punkte doch nicht weiterzukommen war, kam ich auf Platon zu sprechen und fragte, wie er, der ihn wiederholt zitiert hat, zum „Staate" stände. Er wandte sich auf dem Sessel um, griff nach einem auf dem Nebentische liegenden Buch und schlug Platons mächtigen Band auf:

„Es ist interessant, sagte er blätternd, daß er die Idee der Organisation des Staates schon hatte. Sehen Sie? Krieger, Priester und Arbeiter, die er mit den Organen des Menschen vergleicht: der Krieger ist der Arm, der Priester das Gehirn, der Arbeiter der Bauch."

– Ist der Priester noch immer das Gehirn? fragte ich aus reiner Bosheit. Mussolini läßt sich solche kleinen Spiele mit der Gelassenheit eines großen Tieres gefallen.

„Die Gesellschaft ist heute viel vermischter", sagte er nur, machte das dicke Buch zu und legte seine beiden Arme darauf. Da saß er nun, der Diktator, und stützte sich auf den Staat, den er gefangenhielt. Er war in eine breite, besitzende Stimmung gelangt, weil er mich heut in voller Opposition fand und die Angriffe des Fremden mit einigem Behagen erwartete.

– Das einzige, sagte ich auch bald, was Sie in diesem Staate vielleicht weniger kennen als wir Fremden, ist die Furcht der Bürger vor Anzeigern und Geschichtenträgern. Dadurch entstehen Gefühle der Unsicherheit und des Hasses. –

„In jeder Gesellschaft, erwiderte er mit Heiterkeit, braucht man einen Teil der Bürger, der verhaßt werden muß. Da ähneln wir allerdings den Russen. Aber es ist Jaurès, der Sozialist par excellence, der in einem seiner Bücher schreibt: wenn eine Revolution sich hält, muß man sie auch verteidigen. Mit diesem Argument verteidigt er die französische

Revolution, die doch la loi des suspectes einführte, und mit diesem Gesetze jeden Verdächtigen verurteilen konnte. Übrigens war es der Deutsche Hegel, der den Satz geprägt hat: das Volk ist der Teil der Nation, der nicht weiß, was er will."

– Wir überlassen, sagte ich, den ganzen Hegel politisch gern dem Ausland, das ihn heute so viel zitiert, besonders Rußland. Wir haben ein paar Jahrhunderte von Diktaturen hinter uns, darunter viele unfähige Fürsten, und schließlich noch einmal Bismarcks 28 Jahre. Was geschah, als er ging, ohne Nachfolger erzogen zu haben? Ein Felsblock wurde hinweggeräumt, drunter trat das Gewürm zutage. –

„Trotzdem war er es, der Deutschland groß gemacht hat," sagte Mussolini und fügte lächelnd hinzu: „Mir scheint, ich habe das in Ihrem Buch gelesen."

– Das ist es ja, erwiderte ich, was uns im Anblick gewaltiger Machthaber beunruhigt: die Furcht vor dem, was nachher kommt. Wissen Sie, was Bunsen von Bismarck geschrieben hat? Er hat Deutschland groß und die Deutschen klein gemacht. –

„Möglich."

– Ist Diktatur ein italienisches Spezifikum? fragte ich weiter. Er schien aus seinem schlagfertigen Behagen heute nicht herauszubringen. „Vielleicht. Wir waren immer das Land der einzelnen Individuen. In diesem Lande, im alten Rom hat es mehr als 70 Diktaturen hintereinander gegeben."

– Schade, daß der Mensch sterblich ist, sagte ich. Als Sie, ich glaube im Jahre 25, erkrankten, schrieben Sie, alles sei problematisch geworden, denn Sie seien unersetzbar gewesen. –

„Das war damals, sagte er. Seitdem sind sieben Jahre vergangen. Ich habe versucht, Männer heranzuziehen und stelle sie auf die Probe. Es gibt schon eine herrschende Klasse von vortrefflichen Köpfen, z. B. Grandi, Balbo, Botai, Arpinati. Natürlich gibt es historische Situationen, die sich nicht zum zweiten Male wiederholen, oder doch nur in bescheidener

Form. Man geht vom Mystischen zum Politischen, von der Epopöe zur Prosa. Jeder intelligente Mann voll Charakter kann eine Nation repräsentieren und verwalten. Ich glaube allerdings, daß nicht ein Duce Nummer 2 kommt, – und wenn er käme, würde Italien ihn nicht ertragen."

Ich sah ihn an und sagte dann:

– Bei Goethe heißt es: ›Der Geist ist immer autochthone.‹ – Aber – –

Er sah mich groß an und wiederholte, mir ins Auge, mit sehr klarer Stimme:

„Ja! Aber –!"

Um die Unterhaltung zu retten, griff ich nach der ersten besten Planke und fragte:

– Also liegen die Garantien wesentlich in der Dynastie? –

„Die Dynastie, sagte er nun wieder mit völligem Gleichmaß, ist natürlich eine Kontinuität, ein automatisches Element. Le roi est mort, vive le roi!"

– Wenn es richtig ist, sagte ich, daß Nitti im Jahre 20 die Präsidentschaft der Republik anstrebte, ist er dann am monarchischen Sinn der Italiener gescheitert? Die Deutschen hatten die Könige Jahrhunderte lang, und doch sind sie sämtlich in einer Woche spurlos verschwunden. Italien ist viel jünger und hatte so viele Republiken. –

„Aber nur in einzelnen Teilen und nur für einige Zeit, erwiderte Mussolini lebhaft. Der ganze Süden ist seit Jahrhunderten Monarchen gewohnt. Als Crispi sich von Mazzini trennte, schrieb er in seinem berühmten Brief: Die Monarchie einigt, die Republik zerreißt das Volk."

– Unsere letzten Könige, sagte ich, stützten sich auf den Glauben. Wilhelm II. und Franz Ferdinand waren vom Gottesgnadentum aufrichtig überzeugt, und ich kann mir einen wirklichen König nur so denken. –

„Heute kann man auch als Skeptiker König sein", sagte Mussolini.

– Hat dieser Titel jemals Reiz für Sie gehabt?

„Ein Problem, das mich nie interessiert hat."

Er sagte das mit einer Gleichgültigkeit, als hätte ich ihn nach den neuen Briefmarken gefragt.

– Im Jahre 25 behaupteten Sie gegen die auf den Aventin gegangenen Abgeordneten, diese hätten die Republik gewollt? –

„Die wollten gar nichts!"

– Haben Sie also, fuhr ich fort, die Krone beschützt? Und hat zu anderer Zeit die Krone Sie beschützt? –

Er dachte nach und nahm dabei den sinnenden Ausdruck an, den er gewinnt, wenn er auf einen Arm gestützt nach unten blickt und dann langsam sein Auge zum Zuhörer erhebt. Dann ist der ruhende Ernst des schöpferischen Mannes über ihm, dem niemand einen anarchischen Charakter zumuten würde.

„Doch, sagte er dann. Doch. Das kann man sagen, daß ich die Krone beschützt habe. Es ist meine Pflicht, sie zu verteidigen, aber zugleich mein Gefühl, denn ich bin voll Bewunderung für den König. Ich halte von ihm gleich viel als Patriot und als Kulturmensch. Doch. Man kann auch das Umgekehrte sagen. Die Krone hat konstitutionell und loyal meine Regierung beschützt."

– Wenn ich Sie höre, glaube ich manchmal, daß es noch zufriedene Länder gibt. Und doch sehe ich das Gegenteil in gewissen geistigen Kreisen Italiens. Diese grollen weniger Ihnen, als den Überfaschisten. Ein Brief, wie ich ihn gestern von einem italienischen Dichter empfing, kann allerdings unsereinen niederschlagen: da stand zu lesen, daß die Wahrheit nur selten, die Freiheit aber nirgends existiere. –

„Ein Dichter!" sagte Mussolini in ironischem Ton.

– Aber haben Sie nicht selbst dem faschistischen Staate das Recht zugeschrieben, alle Pflichten der Bürger eindeutig festzustellen? –

„Wenn man gewisse Voraussetzungen setzt, erwiderte er allgemein, so muß man vor manchen Folgerungen nicht erschrecken."

– Eine napoleonische Logik, und ich habe nichts dagegen. Wie aber urteilt Welt und Nachwelt! Haben Sie nicht gesehen, daß Napoleon nach all seinen Taten noch heute von Millionen danach beurteilt wird, daß er den Herzog von Enghien erschießen ließ? –

„Das ist ungerecht, sagte er. Das war eine Episode, die nur in das gesamte Urteil einbezogen werden darf. Hätte er nichts als das gemacht, so wäre er verdammenswert; es wäre auch besser, wenn er dies Passivum nicht in seiner Rechnung hätte. Aber ebenso könnte man Cäsar danach beurteilen, daß er den Vercingetorix geschunden hat. Ohne diese Seite wäre auch seine Geschichte schöner; aber es ist doch unsinnig, die Riesengestalt darum zu verwerfen."

– Vielleicht, sagte ich, sind solche Dinge Folgen von Autokratien, wo alles sich auf eine Person zuspitzt und durch Übereifrige gegen den Willen des Autokraten unglückliche Dinge geschehen. Ich denke an die Ermordung Mateottis. Sind nicht solche Fälle in Diktaturen leichter möglich? –

„Politische Verbrechen, erwiderte Mussolini mit vollkommener Ruhe, „kommen in demokratischen Staaten genau so oft vor. Unter Napoleon III. entsinnen Sie sich eines berühmten Falles, in der französischen Republik gab es viele mysteriöse Verbrechen, – und wenn Sie die junge deutsche Demokratie ansehen, so finden Sie dort im letzten Jahrzehnt mehr davon als in jedem andern Lande."

Vierter Teil. Gespräche über Provinzen der Macht

Über Europa

– Gibt es gute und schlechte Völker? –

Meine Frage blieb in der Luft hängen, wie ein kleines weißes Schrapnellwölkchen sah ich sie von meinen Lippen langsam über den mächtigen dunklen Tisch zu ihm hinüberschweben, um über seinem

Kopfe haltzumachen. Hatten die Wände dieses geschichtenreichen Saales eine so komische Frage je vernommen? Und würden die Päpste, die hier hausten, darüber gelacht haben? Vielleicht aber war sie gar nicht so töricht, vielmehr die moralische Grundfrage der äußeren Politik, wenn diese größer betrachtet wurde als durch die Brille eines Botschafters, der sein Land für das beste der Welt und seine Laufbahn für den Zentralzweck seines Landes hält.

Mussolini lachte nicht, noch gab er die grobe Antwort irgendeines Imperialisten. Dieser Schüler Nietzsches, obwohl selber Condottiere, analysiert die Dinge, Cesare Borgia hat es auch getan.

„Es gibt keine guten und schlechten Völker, sagte Mussolini. Aber es gibt Völker, deren Temperament anziehender ist als andere. Natürlich eine subjektive Auswahl."

– Wird der Wert eines Volkes, das, was es anziehend macht, durch seine Siege in der Schlacht bestimmt? fragte ich weiter. –

„Nicht bloß durch seine Siege, erwiderte er. Aber sie sind ein Fundament seines Wertes. Sie waren es! Wir leben in einer Krise dieser Ideen. Alle Nationen haben gezeigt, daß sie zum Opfer bereit waren. Sehen Sie heute China: wer hatte von ihm diesen opfermutigen Widerstand erwartet!"

– Ich höre Sie, sagte ich, die Kriegsbereitschaft wiederholt als einen Beweis des Opfers bezeichnen. –

„Das ist ein Teil von ihr", warf er ein.

– Ich weiß, fuhr ich fort, daß Sie sich zu Zeiten am Siege berauscht haben: Sie erfaßten das, was uns heldenlos vorkommt, den technischen Krieg, mit dem Pathos eines Turniers. Im Weltkrieg, in dem wir nur zwei zufällige, unlogische Koalitionen und dann nach Jahren den zahlenmäßigen, geistlosen Maschinensieg der einen über die andern erblicken, sahen Sie den Lorbeer als Kampfpreis des Stärkeren, vielleicht auch Tapfereren und priesen „la vittoria senza misura": eine dichterische Transposition. Als Sie aber ein paar Jahre später selber regierten und in einem Vertrag auf die Dritte Zone von Dalmatien verzichteten, sagten Sie in der Kammer: „Ein besserer Vertrag war nicht zu haben." Ein weiser und dabei männlicher Satz! Bismarck, der sich auch einmal am Siege berauscht hat, nannte bei ruhigem Blute die Politik die Kunst des Möglichen. –

„Gut definiert", fügte er ein.

– Vergleiche ich eines mit dem andern, soll ich dann schließen, daß Sie sich in diesen zehn Regierungsjahren nach der Seite der Mäßigung entwickelt haben? –

„Ich glaube", sagte er mit seiner ruhigen, dunklen Stimme.

Es war nicht das erstemal, daß ich Mussolini in unseren Gesprächen auf diesen Punkt lenkte; dies scheint mir für Europa wichtiger, als alles, was er im Innern Italiens aufbaut. Daß in solchen Antworten an einen Privatmann keine Garantien liegen, weiß ich wohl. Da ich aber aus seinem Charakter seine Entschlüsse ableite, die in diesem Falle für 42 Millionen Menschen entscheidend sind, so versuchte ich, ihn von verschiedenen Seiten vor dies Problem zu stellen, dessen Entscheidung im letzten Grunde keine Frage der Notwendigkeit oder der Nützlichkeit ist, sondern eine Charakterfrage.

„Das alles läßt sich in kein System bringen, fuhr er nach einer Pause fort. Systeme sind Illusionen, Theorien sind Gefängnisse. Ich sehe zum Beispiel in dem Netz von Freundschafts- und Zollverträgen, die ich geschlossen habe, eine größere Garantie des Friedens als in großen Allianzen und selbst im Völkerbund."

– Auch Verträge sind Gefängnisse, sagte ich. –

„Durchaus nicht, sagte er lebhaft. Ich habe Verträge einmal Kapitel der Geschichte genannt und bestritten, daß sie Epiloge wären. Diese Aufstellung hat nichts zu tun mit dem bekannten ›Chiffon de papier‹ von Bethmann Hollweg. Sie sagt nur, daß die Pariser Verträge, wie hundert andere vorher, modifiziert werden können und müssen."

– Italien hat soeben auf der Abrüstungskonferenz weitreichende Vorschläge gemacht. Churchill, von dem Sie mir einmal sagten, Sie schätzten ihn hoch, hat die französische Riesenarmee eine Garantie des Friedens genannt. Stimmen Sie überein? –

„Im Gegenteil."

– Und trotzdem erziehen Sie die Kinder kriegerisch! –

„Ich bereite sie für den Kampf des Lebens vor, sagte Mussolini. Auch für den der Nation."

– Wir haben, sagte ich wieder, als Kinder noch 25 Jahre nach dem Siebziger Kriege jedes Jahr in der Schule den Sieg bei Sedan gefeiert. Diese Gewohnheit hat den Groll der Franzosen wachgehalten; heut machen sie das gleiche mit der Marneschlacht. Warum wiederholen auch Sie solche Feiern, die den Feind von gestern verletzen müssen? –

„Wir feiern den 24. Mai, an dem der Krieg begann, nicht als Triumph über den Besiegten. Das zeigt Ihnen meine ganze politische Haltung. Wir halten diesen Entschluß für ein revolutionäres Datum: damals hat das Volk gegen den Willen der Parlamentarier entschieden. Damit begann die Faschistische Revolution."

– Schwer für die Kinder, diesen bedeutenden Unterschied zu begreifen. Siegesfeiern gehen ins Blut. Kinder sind grausam gegen Tiere und daher leicht zum Kriege zu erziehen. –

„Blut! sagte er mürrisch. Die Leute merken den Krieg immer erst, wenn Blut fließt. Haben wir heute keinen Zollkrieg? Alle Welt kauft den Fordwagen, weil er billiger ist, und schimpft dabei auf Amerika."

– Also ist der Zollkrieg eine Gefahrenquelle für den Frieden? –

„Deshalb bin ich ja gegen die Zölle, sagte er, und habe sie weniger als die andern erhöht. Mit diesen neuen chinesischen Mauern kehren wir mitten im Lichte des 20. Jahrhunderts zum Mittelalter, zur Stadtwirtschaft zurück."

– Präsident X, der einen der mächtigsten Staaten der Welt leitet, hat mir vorigen Sommer erklärt, dies wäre nur eine Krise wie andere vorher und wäre bald überwunden. –

„Ich halte sie vielmehr, sagte er, für eine Krise des kapitalistischen Systems. Das ganze System steht auf dem Spiele."

Ich hatte schon lange Marquis-Posa-Gefühle im Herzen, jetzt ergriff ich den Anlaß und sagte:

– Wenn Sie all dies glauben, warum gründen Sie nicht Europa? Napoleon hat es versucht, Briand hat es versucht. Briand ist tot, und auf eine paradoxe Weise fällt die Erbschaft grade Ihnen zu. Sie scheinen dieser Idee heute näher als vor fünf Jahren! Grade Ihre Entwicklung würde uns den Ernst dieses großen Unternehmens verbürgen, denn wer sich langsam zu einem höheren Punkte hinaufgearbeitet hat, steht oben fester. Mussolini als Gründer Europas: Sie könnten der erste Mann des Jahrhunderts werden! –

Ich sprach viel länger auf ihn ein, denn diese Sache ist für mich Religion. Er betrachtete mich wie König Philipp den sonderbaren Schwärmer. Dann erwiderte er leise und kalt:

„Ja, ich bin dieser Idee näher als vor fünf Jahren. Aber die Zeit ist noch nicht reif. Man muß die Krise erst noch tiefer auswirken lassen. Neue Revolutionen werden kommen. Diese werden erst den neuen Typus des Europäers formen."

Über fremde Länder

Ich hatte die Oper bei einer Première besucht und in den Logen mehr Eleganz und Edelsteine gesehen, als in den Opernhäusern von Paris und New York während der letzten Jahre. Die Auffahrt der Wagen, die der Platz nur zur Hälfte aufnehmen konnte, der Aufwand an Dienern, der ganze Tonfall war von einer Art, als läge nicht die Welt im Fieber. Rom schien entschlossen, den Aufruhr der sozialen Elemente zu negieren. Ein paar Wochen zuvor war ich in der Moskauer Oper gewesen, wo man ebenso gut sang und spielte, wo man besser tanzte und auf der Bühne ebensoviel Glanz entfaltete. In Moskau schneite es auf der Bühne (sie spielten „Pique-Dame"), während man in Rom den Garten des Don Pasquale durch Mauern blühender Töpfe suggestiv machte.

Aber der Anblick des Theaters in Moskau mit seinen fünftausend Männern und Frauen wirkte wie die Musik des Komtur mitten im Don Juan. Grau gekleidet, zuweilen eine hellere Farbe zeigend, saßen diese nach Illusion verlangenden Menschen da, hingegeben dem Schein und der Musik, in einer Art aufgesparter Ruhe. Über allen Köpfen hing der Kampf von heut und von morgen, und als sie durch die große Pforte das Haus verließen, stand kein einziger Wagen da; nur zwei Schlitten warteten, ob einer käme, der sie bezahlen könnte. Eine Kette elektrischer Bahnen trug diese vom Tag wie vom Abend erregten Menschen nach Hause, wobei ihnen eine ungeheure Wirklichkeit die phantastischen Bilder der Oper rasch wieder fortwischte.

Trotzdem sind die Ähnlichkeiten zwischen dem Römischen und dem Moskauer System so stark, daß ich Mussolini von den beiden Opern erzählte, um ihn auf das Thema zu leiten. Zuerst sagte er ganz allgemein:

„Die Unterschiede? Wir haben Privateigentum, die Russen keins. Wir haben den Kapitalismus unter Kontrolle gestellt, die Russen haben ihn abgeschafft. Bei uns hängt die Partei von der Regierung ab, dort umgekehrt."

– In Ihnen, sagte ich, sind beide durch Personalunion verbunden, und bei Lenin war es das gleiche. –

„Ich leugne nicht die Ähnlichkeiten."

– Vor dem Kriege, sagte ich wieder, haben Sie einmal im „Avanti" geschrieben: „Sozialismus ist keine arkadische, friedliche Angelegenheit. Wir glauben nicht an die Heiligkeit des Lebens." Ist das nicht Faschismus? –

„Es ist dasselbe."

– Und über diesen haben Sie geschrieben: „Wenn der Faschismus kein Glaube wäre, wie könnte er Mut und Feuer erwecken?“ Ist das nicht Kommunismus? –

„Kümmert mich nicht.“

– Also unterscheidet der Glaube, den Sie und die Russen fordern und finden, beide Systeme von allen andern? –

Er nickte: „Noch mehr. In allem Negativen ähneln wir uns: wir und die Russen sind gegen Liberale, Demokraten, Parlamente.“

– Sie haben im Jahre 19 oder 20 geschrieben, daß Lenin Rußland von der Autokratie befreit hat, und prophezeit, Rußland würde einmal eine der produktivsten Mächte der Erde. –

„Ist es nicht auf dem Wege dahin?“ fragte Mussolini zurück.

– Lenin muß Sie gekannt haben. Er soll zu Italienern gesagt haben: Warum habt ihr Mussolini verloren? –

„Daß er das gesagt hat, ist richtig. Ob ich ihn mit den andern in Zürich getroffen habe, weiß ich nicht sicher. Sie wechselten wiederholt ihre Namen. Wir haben damals alle viel disputiert.“

– Mich wundert, daß Sie mit den Russen ausgekommen sind, bei Ihrem antislavischen Temperament. –

„Allerdings, sagte er, kommen die Russen schwer dazu, sich ganz verständlich zu machen. In ihrer Leidenschaft, den Dingen auf den Grund zu kommen, werfen sie die Gedanken oft durcheinander.“

– Sie haben, sagte ich, in der Jugend und auf der Redaktion viel mit Ihren Kameraden philosophiert. Fehlt Ihnen das nicht heute? –

„Heute kann ich nicht mehr philosophieren. Ich muß handeln.“

Diese Antwort gab er kurz, leise und bestimmt; es klang wie der Morseapparat.

– Ich habe neulich in Moskau zwei Dinge bei allen Leuten gefunden oder doch bei fast allen, sagte ich: Arbeit und Hoffnung. Ist es hier ähnlich? –

„Ähnlich. Nur können wir nicht für alle Arbeit finden."

– Sie haben mit den Arbeitslosen großartige Dinge aufgebaut. Unsere Bedenken gegen die Diktatur treten im Anblick Ihrer Konstruktionen zurück. –

„Und einer unserer besten Ingenieure, sagte er, Omodeo, der den Stausee des Tirso in Sardinien gebaut hat, baut jetzt am Dnjepr die größten Stauwerke."

– Ein Symbol, sagte ich. Sie bauen, verbessern, konstruieren wie die Russen. Sie zwingen die Banken die Fabriken zu stützen und die Fabriken, die Arbeiter zu behalten. Ich weiß nicht, ob das Staatssozialismus ist, der Name macht es nicht. –

„Hier muß man sich genau verstehen, sagte Mussolini, rückte vor und legte die beiden Arme auf, da er etwas genauer erklären wollte. Der faschistische Staat dirigiert und kontrolliert die Unternehmer von der Fischerei bis zur Schwerindustrie in der Val d'Aosta. Dort ist der Staat Eigentümer der Minen und Gruben. Der Staat macht die Transporte, denn ihm gehören die Bahnen. Dem Staat gehören viele Werkstätten. Trotzdem ist das alles kein Staatssozialismus, denn wir wünschen kein Monopol, worin der Staat alles macht. Wir nennen das Intervento des Staates. Das steht alles in der Carta del Lavoro definiert. Wenn etwas nicht funktioniert, kommt der Staat dazwischen."

– Befindet sich diese Entwicklung im Crescendo? fragte ich. Und wird das Kapital immer gehorchen? –

„Durchaus Crescendo, erwiderte er. Das Kapital wird bis zum höchsten Punkte gehorchen. Es hat kein Mittel zum Widerstande. Das Kapital ist kein Gott, es ist ein Instrument."

– Aus alldem haben wir den Eindruck, sagte ich etwas vorschnell, als kehrten Sie, wenn nicht zu Ihren Anfängen, so doch in die Nähe früherer Ideen zurück. –

„Im allgemeinen verbrenne ich die Schiffe hinter mir. Aber die alten Erfahrungen benutze ich."

Da ich sah, daß er sich in diesem Punkte nicht weitertreiben ließ, ging ich auf Frankreich über und sagte:

– Sie sprachen neulich von der Unwahrscheinlichkeit der Republik in Italien. Halten Sie sie in Frankreich für gesichert? –

„Sie hat den Krieg gewonnen. Das ist die Grundlage."

– Man hat die Franzosen die Chinesen Europas genannt: so verschließen sie sich hinter ihren Mauern und ignorieren mehr oder weniger Europa. Zugleich sind sie aber für Macht und Gloire so empfänglich. Wie kommt es, daß der kleinbürgerliche Geist mit dem repräsentativen zusammengeht? –

„Hier tritt man in eine typisch französische Psychologie, erwiderte Mussolini. Auf der individualen Basis ist der Franzose klein, auf der nationalen ist er groß. Natürlich. Er hat Jahrhunderte eines geeinigten nationalen Lebens hinter sich, eine Reihe großer Könige. Das fehlt uns Italienern."

– Sie haben persönlich viel von französischer Kultur gewonnen? –

„Sehr viel. Renan in den philosophischen Problemen, Sorel für Syndikalismus und andere aktuelle Fragen. Und dann vor allem der Riese Balzac!"

– Man hat die Engländer, sagte ich ohne Übergang, die modernen Römer genannt. Sie sind der berufene Experte für diese Frage. –

„Die modernen Römer? Nein. Aber sie haben einige Eigenschaften der alten Römer: Empirismus, Zähigkeit, Geduld."

– Mich wundert, sagte ich, England hier so wenig beliebt zu finden. Liegt das daran, daß es die stärkste Stütze der Demokratie ist, die Sie negieren? –

„Nicht die Engländer sind bei uns unpopulär, sagte er, die Fremden sind es im allgemeinen. Alle Sympathien nach außen haben abgenommen. Eine neue Bewegung, wie die unsrige, geht den überlieferten Phrasen auf den Leib. Da hat man ein halbes Jahrhundert gesagt: die traditionelle Freundschaft zwischen uns und England. Wir beklopfen das Problem und fragen: gibt es die? Oder die ›lateinische Brüderschaft‹. Sind die Franzosen Lateiner und haben sie ihre Brüderschaft bewiesen? Diese Revisionen sind ganz faschistisch.“

– Ich habe Sie in Amerika populärer gefunden als irgendwo, sagte ich. In hundert Interviews fragte man mich: How do you like Mussolini? Und doch ist man dort gegen jeden Diktator gestimmt. –

„Man hat doch einen! sagte er lebhaft. Die Stellung des Präsidenten ist beinah allmächtig, garantiert durch die Verfassung.“

– Er könnte es sein. –

„Nein, er ist es!“

– Ich habe Hoover und Borah im vorigen Sommer gesprochen. Die Verschiedenheit der Charaktere und so auch der politischen Anschauung ist noch größer, als sie erscheint. Auch über die Schulden äußerten sie zweierlei Meinungen. Kann Amerika die Schulden gänzlich streichen? –

„Man muß sie streichen.“

– Ich möchte Ihnen jetzt die drei Fragen stellen, die mir drüben immer gestellt wurden. –

„Die erste ist die Kameradschaftsehe?“ fragte er. Ich lachte und er fuhr fort: „Ein Irrtum. Sie löst das Problem nicht. Ein schwieriges Problem, auch von der bürgerlichen und kirchlichen Ehe nicht gelöst. Der alte ist aber immer noch der beste Weg, alles in allem. Die zweite ist über die Prohibition?“

– Natürlich. –

„Ein Verhängnis, sagte er. Ich trinke selber beinahe nichts, aber was ist geschehen! Nach Jahrhunderten haben sie die Natur des Menschen verletzt, der zu allen Zeiten den Wein gebaut und getrunken hat. Als Folge haben sie jetzt einen weit schlimmeren Alkoholismus. Und die dritte?“

– Technik und Rekord, sagte ich. Den literarischen Hochmut, der sich gegen die Technik wendet, habe ich nie geteilt. Als ich vor Jahren las, daß

Sie Ihre erste amtliche Fahrt durch Sizilien am Steuer Ihres Autos gemacht haben, wurde ich, damals voller Skepsis gegen alles, was hier geschah, aufmerksam, denn da war zugleich die Leistung und das Symbol. Offenbar wollten Sie den Bürgern zeigen, was es heißt: steuern. –

Er nickte und sagte: „Die Vorwürfe gegen die Technik sind meistens ungerecht. Dieses Produkt des menschlichen Geistes hat große Resultate erzielt. Wo wären ohne sie die großen Schiffe, Brücken, Tunnels, Flugzeuge? Soll die Humanität einen Sprung zurückmachen, und wieder den Karren des Altertums ziehen, wenn man das Auto hat, das schneller, bequemer und sogar sicherer ist? Die Torheit liegt nur in der Sucht, immerfort den andern übertreffen zu wollen: wer sitzt am längsten auf den Bäumen oder wer tanzt am längsten?“

– Ist es nicht erstaunlich, sagte ich, wie wenig politisches Interesse die Bürger eines Landes wie Amerika nach 150 Jahren Demokratie besitzen? –

„Da sehen Sie, erwiderte er lebhaft, wie der Kapitalismus die Politik vertilgt. Das am höchsten kapitalistische Land ist das unpolitischeste in der Welt. Alle vier Jahre regen sie sich einmal auf beim Wählen, ob mehr oder weniger getrunken wird oder dergleichen, und dann drahtet der geschlagene Kandidat dem erwählten Präsidenten seinen Glückwunsch. Das ist vielleicht fair play, aber kein Kampf.“

– Ist das aber rein amerikanisch? fragte ich. Warum gibt es in der Welt überhaupt so wenig fähige Staatsmänner in einem Augenblick, wo sie am nötigsten wären? –

„Weil die Politik heute viel komplizierter ist als früher. Und dann hat der Kapitalismus das politische Interesse aufgefressen: alle Welt interessiert sich nur noch für Geldfragen, für die eigne und für die der andern. Wo sind denn die Zeiten, als ganz Europa den Reden von Peel oder Disraeli lauschte, sogar noch denen von Jaurès und Clemenceau! Heute hört man sich ein paar Sätze im Radio an, stellt es ab, und niemand studiert sie. Die Leute wollen heut nicht regieren, sie wollen regiert werden und ihre Ruhe haben. Gäbe es mehr große Staatsmänner in Europa, so gäbe es weniger Parteiung.“

Ich ging auf Deutschland über und verglich Fleiß und Tüchtigkeit bei den Deutschen und bei den Amerikanern.

„Die Deutschen haben in diesem Jahrzehnt Großes geleistet", sagte Mussolini.

– Worin erkennen Sie den Grund des Zusammenbruches? –

„Deutschland ist von einer Weltkoalition geschlagen worden."

– Und in den fünfzig Jahren vorher, fragte ich, sehen Sie keine indirekten Gründe? –

Er machte eine Pause, sah mich forschend an und sagte dann langsam und bestimmt: „Alles, was Bismarck in dreißig Jahren geschaffen hat, war Deutschland nützlich. Bei einem Staatsmann macht es durchaus auch die Länge der Zeit, in der er regiert. Was Sie neulich von Beethoven und Shakespeare behauptet haben, gilt auch hier, und Bismarck hatte Zeit. Aber alles, was nachher kam, die 25 Jahre unter Wilhelm dem Zweiten haben das vorige untergraben. Das war keine Politik mehr. Ich glaube, Sie haben das richtig dargestellt. Mit dem Kaiser war deshalb auch jeder Frieden unmöglich."

– Halten Sie, fragte ich weiter, die deutsche Politik der Erfüllung in den ersten Jahren nach dem Kriege historisch gesehen für richtig? –

„Es war die einzige Möglichkeit. Eine andere hätte in den ersten Jahren bei den großen Leidenschaften und der noch bestehenden Kriegsallianz gegen Deutschland die schwersten Folgen für das geschlagene Land gehabt. Rathenau, den ich im Jahre 22 kennenlernte, war einer der feinsten Geister und durchdringendsten Köpfe, die Europa im letzten Vierteljahrhundert besaß. Wieviel ich von Stresemann hielt, habe ich bei seinem Tode geschrieben. Er hat fünf Jahre vor dem vertraglichen Datum den Rhein befreit."

– War er nicht der umgekehrte Mussolini? fragte ich und fuhr auf seinen erstaunten Blick hin fort: Vom Nationalismus zum Internationalismus! –

„Aber die Lage beider Männer war verschieden", sagte er.

– Weil es der Charakter beider Völker ist, erwiderte ich. Der Faschismus zitiert häufig die altpreußische Zucht, und doch hatte Preußen die stärkste sozialistische Partei. –

Er lächelte, zog die Brauen und machte sein schlaustes Gesicht: „Es steckt viel Preußentum im deutschen Sozialismus. Ich glaube sogar, dort liegt der Schlüssel für seine Disziplin."

– Also kann man den Faschismus nach Deutschland exportieren? –

„Nach keinem Lande, sagte er. Das ist ein italienisches Gewächs. Aber einige seiner Konzeptionen würden nach Deutschland passen: die Organisation der Berufe als Gruppen und dieser Gruppen in Beziehung zum Staate. Das korporative System ist dort durch die großen Organisationen schon vorbereitet und würde nur einen Schritt weiter bedeuten. Ferner die Kontrolle des Kapitals und der Arbeit."

– Sie sagten mir einmal, erwiderte ich, die Italiener wären zu lange kritisch gewesen, jetzt sollten sie deshalb gehorchen lernen. Die Deutschen dagegen haben ein paar Jahrhunderte lang gehorcht, für sie ist es höchste Zeit, endlich einmal kritisch zu werden. Das ist der Grund, warum wir 500 Mittelmäßigkeiten im Reichstage einem überragenden Führer vorziehen. Die Deutschen haben die Leidenschaft, zu gehorchen, deshalb wollen wir dort keinen Faschismus. Auch zeigt der völlige Mangel an Führern Ihrer Art, daß das „Volk der Denker" zwar die großen Lehrer der Diktatoren hervorbringt, Marx, Hegel und Nietzsche, nur keine Diktatoren. Das ist auch der Grund, warum die Deutschen nie Revolution machen. –

„Und Luther?" fragte Mussolini.

– Der einzige, der Erfolg hatte. Um aber das ominöse Wort zu meiden, wird seine Revolution etwas verschämt Reformation genannt. Revolution, durfte Bismarck sagen, als Napoleon III. ihn in den sechziger Jahren fragte, ob keine zu erwarten stünde: Revolution machen in Preußen nur die Könige. –

Mussolini kam auf einem mir nicht mehr gegenwärtigen Wege auf die Diktatur zurück und sagte:

„Deutschland zieht unter allen möglichen Formen der Diktatur die vor, die durch eine mächtige Bürokratie ausgeübt wird, gut organisiert und immer etwas abgetrennt von der Welt. Auch drückt sich die Diktatur dort nicht in einem Mann aus oder in einer Reihe von Männern, die sichtbar im Schaufenster stehen. Zuweilen findet sie in Form der Aktien-Gesellschaft statt, reicht also von den Kartellen bis zu den Geheimräten: Holstein auf der einen, Krupp oder Thyssen auf der andern Seite."

– Wir litten in der Weltmeinung, sagte ich, unter dem Begriff des doppelten Deutschland. Das eine haben Sie eben skizziert. Das andere ist jenes, das der Welt die beiden größten Geister des Jahrhunderts geschenkt hat, Goethe und Nietzsche. Haben Sie im Kriege innerlich den Zusammenhang mit diesem anderen Deutschland verloren? –

„Niemals. Ich kann ihn nicht verlieren."

Innerer Aufbau

Das kleine offene Flugzeug senkte sich bis auf hundert Meter, als es über den Pontinischen Sümpfen schwebte, und der Pilot umschrieb mir in der stummen Sprache der Flieger mit der Hand das Terrain, das schon entwässert war. In großartigen Arbeiten wird jetzt hier vollendet, was seit zwei Jahrtausenden erst die Römer, dann die Päpste vergebens versucht haben. Ein Areal von tausenden von Quadratkilometern, in dem bis heute niemand leben konnte, wo nur die am Rande des Gebirgs wohnenden Jäger einige Monate lang ein Nomadendasein der Vogeljagd widmeten, wird nun dem menschlichen Leben eröffnet, und in zehn Jahren werden Hunderttausende dort leben, wo heute die Malaria alles vertreibt. Das alles lag wie auf einer Karte unter mir ausgebreitet, von oben sah ich die parallelen Linien der neuen Ackerfurchen, erkannte den Zug der Haupt- und Seitenkanäle und wie sie sich bis zum Meere hinziehen, um dorthin das Sumpfwasser abzuleiten.

Als ich denselben Landstrich bald darauf bei einem Ausflug Mussolinis mitten im Trubel hunderter von Faschisten im Auto wiedersah, verstand ich weniger davon, als bei jener summarischen Schau aus der Luft.

Ich hatte ihm vorher von meinem Flug erzählt und ihm den Schluß des Faust mitgebracht, wo der sterbende Hundertjährige sagt:

> „Ein Sumpf zieht am Gebirge hin,
> verpestet alles schon Errungene;
> den faulen Pfuhl auch abzuziehn,
> das letzte wär' das Höchsterrungene.
> Eröffn' ich Räume vielen Millionen,
> nicht sicher zwar, doch tätig-frei zu wohnen.“

Da Mussolini den Sinn für die symbolische Tat nie verliert, worin ich stets das Zeichen des bedeutenden Geistes erblicke, so war er von jener überraschenden Parallele mit Faust ergriffen und las die deutschen Verse langsam vor.

Als wir dann bei jenem Ausflug nach den Sümpfen an eine Stelle kamen, wo 70 Traktoren in zwei Reihen aufgestellt waren, um nach zwei Richtungen hin auf ein Zeichen loszugehen und die tausendjährige Erde zum ersten Male durchzupflügen, ließ er mich zu sich rufen, wies auf die Arbeit der Traktoren und sagte:

B. Mussolini a Emil Ludwig
in ricordo dei colloqui di Palazzo Venezia
nel marzo — aprile 1932 – Anno X

„Da haben Sie den hundertjährigen Faust!“

– Jeder Traktor kostet weniger als eine Kanone, erwiderte ich trocken. –

„Weniger als ein Schuß“, sagte er, um mich zu überbieten und lachte.

Dies war der beste Moment des ganzen Ausfluges. In einem zweiten sah ich ihn die äußere Treppe eines kleinen Verwaltungsgebäudes heraufsteigen, stehenbleiben und lange schweigend von oben bis unten einen dort angeschlagenen Tarif der Maurer durchstudieren. In diesem Augenblick war die Verbindung zwischen seiner Jugend als Maurer und seiner Gegenwart als Landesvater symbolisch und zugleich sichtbar hergestellt.

Als wir uns am Abend desselben Tages an dem großen Tische wieder gegenübersaßen, aus dem Lärm mit allzuviel Photographen zurückgekehrt in die Stille dieses hohen Raumes, knüpfte ich an das eben Gesehene an und sagte:

– Entsinnen Sie sich der Schätze, die Napoleon auf St. Helena als das faktische Resultat seines Lebens aufzählt? Da nennt er die Dämme und Kanäle, die Häfen und Straßen, die Fabriken und Wohnstätten alle mit Namen, eine Liste, eine ganze Seite lang, – und die Namen der Schlachten verschwinden hinter diesen großartigen Werken einer gesammelten Humanität. Sind es nicht diese Dinge, die auch Ihnen am meisten Genugtuung bereiten? Und hatten Sie schon früher den Wunsch, solcherart aufzubauen? –

„Seit Jahrzehnten", sagte er leise.

– Bei solchen Bekenntnissen, sagte ich, erschreckt mich der faschistische Ruf nach mehr Raum etwas weniger. Ich habe mir nie vorstellen können, daß grade Sie das Glück einer Nation in der Größe seines Territoriums sehen. Um so weniger begreife ich, wie Sie in einem zu engen Lande Prämien auf die Geburt von vielen Kindern setzen können. Vielmehr scheint mir der Malthusianismus hier besser angebracht als irgendwo. –

Mussolini wurde plötzlich böse; ich habe ihn weder vorher noch nachher aus seiner Ruhe geraten sehen. Auf gänzlich ungewohnte Art warf er mir seine Argumente an den Kopf und sprach doppelt so schnell wie sonst, als er in entschiedenem Tone erwiderte:

„Malthus! das ist ökonomisch ein Irrtum und moralisch ein Verbrechen! Die Verminderung der Volkszahl bringt das Elend mit sich! Italien war mit 16 Millionen Einwohnern ärmer als heute mit 42. Diese 42 Millionen stehen heute weit besser da, als die Hälfte davon, die unter dem Papste, unter Venedig oder Neapel lebten: elend und ungebildet, wie sie waren! Vor 30 Jahren habe ich das bei uns zu Hause erlebt! Die Industrie hat die Bildung gefördert, die Kapazität ist ins tausendfache gestiegen!"

– In allen Ländern, sagte ich. Und was die Stärke der Nation betrifft, so hat doch Frankreich mit seinem Zwei-Kinder-System gezeigt, was es kann, wenn es muß. –

„Frankreich beweist gar nichts!" rief er lebhaft, und ich hörte seinem Eifer an, daß er meinen naheliegenden Einwurf oft gehört hatte. „Wäre nicht die halbe Welt gekommen, um Frankreich zu helfen, so wäre es kaputt gegangen. Und dann hören Sie! Hätte Frankreich 55 Millionen Einwohner im Jahre 14 gehabt statt 35, so hätte Deutschland keinen Krieg gemacht!"

– Mit diesen Gedanken, denen ich nicht folgen kann, sagte ich, verstehe ich auch, daß Sie die Abtreibung verfolgen, was uns ganz fremd ist. –

Sein Furor hatte sich nicht gelegt, als er mir sogleich zurückrief: „Die Russen können sich andere Gesetze leisten. Denen kann es gleich sein, ob sie 3 Millionen Zuwachs jährlich haben oder 5 oder nur eine. Aber das ist eine Verringerung der Nationalkraft! Wenn ich das freigeben würde, da wäre ja bald alles privat! In diesem Punkte sind wir und die Russen Antipoden."

– Da halte ich es mit den Russen, sagte ich. Die stellen die Frau dem Mann im öffentlichen Leben gleich. –

Das schien noch gefehlt zu haben, um ihn in Harnisch zu bringen. Sein Ton wurde nur noch hartnäckiger:

„Die Frau hat passiv zu sein! rief er lebhaft. Sie ist analytisch, nicht synthetisch. Hat sie in all den Jahrhunderten Architektur gemacht? Baue mir eine Hütte, nicht einen Tempel, sagen Sie ihr. Sie kann es nicht. Sie ist der Architektur fremd, der Synthese aller Künste: das ist ein Symbol ihres Schicksals! Meine Idee von ihrer Rolle im Staate steht jedem Feminismus entgegen. Natürlich soll sie keine Sklavin sein, aber wenn ich ihnen das Stimmrecht gäbe, würden sie mich auslachen. In unserem Staate darf sie nicht zählen. In England gibt es 3 Millionen Frauen mehr als Männer, bei uns sind die Zahlen gleich. Wissen Sie, wo die Angelsachsen enden können? Im Matriarchat!“

Da er in diesem Punkte doch nicht mit sich reden ließ, ging ich auf eine Einzelfrage über:

– Tut nun der faschistische Staat wenigstens dasselbe für die Mutter des unehelichen Kindes wie für die legitime Frau? –

„Wir tun für die Mutter mehr als irgendein Staat Europas. Ob die Mutter die Frau oder bloß die Freundin des Erzeugers war, darum können wir uns nicht kümmern. Darin weichen wir von der Kirche ab. Sie hat ihre eigne Philosophie, ihre Doktrin, ihre Welt.“

Da diese Punkte bei ihm vollkommen feststehen, kam ich lieber auf das kürzlich zum Thema Rußland Gesprochene zurück und fragte ihn, ob es wahr wäre, daß er in die Carta del Lavoro selber den Zusatz geschrieben habe, die private Initiative sei für die Produktion das stärkste und nützlichste Mittel.

„Stimmt, sagte er, merklich beruhigt. Ich habe aber auch statuiert, wo sie nicht funktioniert, da greift der Staat ein. Die Carta del Lavoro steht bereits außerhalb des Kapitalismus.“

– Sie haben die Balilla Ihr Lieblingskind genannt. Ist diese Erziehung keine Gefahr für die Familie? Und wo liegt eigentlich der Unterschied zwischen Ihrer und der Erziehung der Kinder durch die Sowjets? –

„Wir erziehen sie nach der Idee der Nation, sagte er, jene nach der Idee der Klasse. Das Ende ist gleich: wir beide stellen das Individuum in das Staatsganze ein, das der Familie vorgeht. Aus diesen Kindern suche ich allmählich durch immer feinere Auswahl eine Elite zu bilden.“

– Dann müßten Sie die besten Kräfte der Nation zum Lehramt heranziehen, sagte ich. Hätte ich einen Staat zu leiten, so würde ich die höchsten Gehälter den Schullehrern zahlen, um die besten Geister anzulocken, denn sie halten die Zukunft in Händen. –

„Unsere Lehrer, sagte er, sind zehnmal so hoch bezahlt, wie ich vor 30 Jahren als Lehrer bezahlt worden bin.“

– Ich las, sagte ich, daß Pelizzi über die Gefahren des Gehorsams geschrieben hat und daß Sie, wie ich glaube, dies abgelehnt haben. –

„Nur in dem Sinn, sagte er, daß Kinder und Soldaten verstehen sollen, was ihnen befohlen wird. Der Befehl darf nicht absurd sein. Sie müssen fühlen, wie vernünftig er ist. Überall ist die Interpretation die Hauptsache, nicht das Gebot. Das Gesetz hat immer etwas kaltes, kadaverhaftes. Die Praxis ist eine menschliche Sache, differenziert, nuancenreich. Die Gesetze bilden nur einen Teil davon und nicht einmal den wichtigsten.“

– Sie haben tausendmal die Möglichkeit, einzelne Fälle zu prüfen oder eine Prüfung zu befehlen. Das war das beste, was Friedrich der Große im Alter getan hat. –

„Vor drei Jahren habe ich diese Fälle ziffernmäßig feststellen lassen. Da waren es in 7 Regierungsjahren 1½ Millionen einzelner Fälle, die hier durchgegangen sind.“

Rom und die Kirche

Bevor ich das Gespräch auf die Kirche brachte, ging ich zu einem römischen Geistlichen, der in den Verhandlungen vor und nach der Versöhnung eine große Rolle gespielt hatte. Der Unterschied im Gesprächston war katastrophal. Dieser ehrwürdige Priester tat, als wüßte die Welt nichts von den Schwierigkeiten und Zerwürfnissen, die zwischen beiden Mächten wirkten. Er verschwieg sie beinahe ganz in der Vergangenheit und völlig in der Gegenwart. Es war der mächtige, demütige Jesuit, den wir aus Schillers Dramen oder aus französischen Romanen kennen.

Als ich zur weltlichen Macht zurückkehrte, fing ich mit Cavours Stichwort an: „libera chiesa in libero stato“ (freie Kirche im freien Staate) und fragte Mussolini, ob er das annähme.

„Unrealisierbar mit der katholischen Kirche, sagte er. Prüft man es genau, so verliert es seinen Sinn. Möglich ist nur entweder volle Trennung beider Mächte, der Staat ignoriert die Kirche, oder er regelt mit ihr die gemeinsamen Sachen. Beide haben dieselbe Materie vor sich, den Menschen, einmal als Gläubigen, einmal als Bürger. Ich habe es auf verschiedene Arten versucht. Im Jahre 23 wollte ich den Popolari 5 Sitze in der Regierung geben. Don Sturzo hat es verdorben. Er glaubte, mit mir das alte Spiel wie mit Giolitti weiterspielen zu können. Da habe ich ihn hinausgeworfen."

Diese oder eine ähnlich starke Wendung hat Mussolini sonst niemals von einem Feinde gebraucht; ich schloß, daß er sich sehr an ihm geärgert haben mochte.

– Warum haben Sie aber die Einigung noch weitere fünf Jahre verschoben? fragte ich. –

„Das war nötig, sagte er, um alle Dinge zu klären. Sie sind immer sehr delikater Natur. Wenn aber die Kirche vollends in der Hauptstadt sitzt, dann wirkt sich die Delikatesse auch noch geographisch und topographisch aus. Eine Hauptstadt und zugleich eine Stadt, die einem andern gehört! Wenigstens 44 Hektar!"

– Den Plan des Vatikanischen Staates, sagte ich, hat mir im Jahre 20 der deutsche Padre Ehrle an seiner Karte entwickelt, der jetzige Kardinal. Damals grollte ihm Papst Benedikt wegen seiner Veröffentlichung während des Krieges. Wissen Sie, daß Sie etwas in der Geschichte Neues bei diesen Verhandlungen gemacht haben? (Er blickte mich fragend an.) Es ist sicher das erstemal, daß zwei unabhängige und allein entscheidende Regenten drei Jahre lang in derselben Stadt miteinander verhandelt haben, ohne einander jemals mit Augen zu sehen. –

Er lachte leise vor sich hin, verschwieg einen Gedanken und sagte dann:

„Jetzt habe ich den Papst besucht."

Ganz Rom unterhielt sich damals darüber, daß Mussolini gekniet und dem Papste die Hand geküßt habe. Da ich ihn nach der Versöhnung einmal voller Groll gegen den Papst gefunden hatte, so glaubte ich das Gerücht zunächst nicht und kam jetzt auf diese, zur Menschenkunde äußerst wichtige Frage auf einem Umweg zu sprechen:

– Ich habe die beiden letzten Päpste besucht, die die Formen ganz verschieden ausführten. Da fragte ich mich, ob ein Mann von einigem Stolze, wenn er nicht gläubig ist, sich diesen Formen überhaupt unterziehen darf. –

Mussolini erwiderte: „Im allgemeinen befolge ich die Regeln eines Landes, wenn ich dort Gast bin. Hier habe ich mich vorher von der Pflicht zu knieen und vom Handkuß ausdrücklich befreien lassen."

– Glauben Sie, fragte ich weiter, daß ein religiöser Staatsmann mit der Kirche leichter zusammen lebt als ein anderer? –

„Da muß man zwischen Gläubigen und Kirchengängern unterscheiden, erwiderte er. Wenn der Staatsmann in der Religion der Mehrheit seiner Landsleute innerlich lebt, so wird das ein besonderes Element der Kraft und Übereinstimmung. Aber die Teilnahme am Kultus, das ist eine persönliche Sache. Der Minister zum Beispiel, der jetzt eben die Jesuiten aus Spanien ausgeschlossen hat, geht jeden Tag zur Messe."

– Sie haben, sagte ich, in der Jugend die schönsten Dinge im Sinne Nietzsches geschrieben, zum Beispiel: „Als Rom unter die Macht Jesu fiel, ging das Geschlecht der Herrscher zugrunde, vielleicht das einzig Große in der Geschichte." Ein andermal schrieben Sie vom Christentum, es habe das Europa von heut impotent zum Wollen, aber zugleich doch nicht reaktionär genug gemacht, um den Feudalismus zu verteidigen. Schließlich sagten Sie, jetzt kämen freie, einsame, kriegerische Geister, mit einer gewissen edlen Perversion, um vom Altruismus loszukommen. –

„Der letzte Satz ist von Nietzsche", warf er ein.

– Er ist von Ihnen, sagte ich, und wir stritten mit einiger Heiterkeit über die Autorschaft; doch dann faßte er sogleich das Problem auf seine Art an: unerschrocken und ohne etwas zu verschleiern. Er sah und sann dabei vor sich hin, der Staatsmann kämpfte mit dem Revolutionär und der mit der Kirche versöhnte Chef der Regierung mit seinem eignen trotzigen Gemüte;

„Da bin ich in einer schwierigen Lage, fing er an, denn der historische Standpunkt ist hier anders als der religiöse. Die Römer waren beati fortes. Später waren sie debiles et ignorantes. Die Letzten werden die Ersten sein. Sklavenrevolte. Natürlich hat Nietzsche recht." Und nach einem völlig unhörbaren Seufzer, nach einer Pause fuhr er fort: „Sehe ich aber das Ganze an, so sind die Vorteile doch vielleicht größer gewesen als die Nachteile. In gewissem Sinn war der Einfluß des Christentums doch nützlich. Eine Phase von Fortschritt in der Geschichte der Menschheit."

– Durch ein Mißverständnis der Lehre, warf ich ein. –

„Wahrscheinlich", sagte er ruhig und schien sich monologisch noch weiter in den Gegenstand zu vertiefen. „Petrus war doch nur eine Art Propagandist. Als aber der Heilige Paulus hierherkam, der wahre Gründer der christlichen Kirche, der wahre Organisator, sonderbar! – Vorzügliche Briefe. – Bedeutsame Verwandlung vom Jüdischen her. Bis zum Jahre 69 oder 70 war es ja alles Judentum in Jerusalem, Alexandrien, Saloniki. Dann kommt plötzlich die Trennung, die Juden trennen sich. Und die neue Religion geht zu den Römern über, zu den Heiden. Niemand weiß, wie es kam, daß in einem besonderen Augenblicke die Juden Christus nicht mehr anerkannt haben. Ich habe einen Rabbiner befragt, er hat mir nicht geantwortet. Merkwürdig: erst wird eine Tat Legende, dann wird sie Ketzerei. So geht es immer. Wäre das Christentum nicht ins kaiserliche Rom gekommen, es wäre eine jüdische Sekte geblieben. Das ist meine tiefe Überzeugung. Man muß hinzufügen, daß alles durch die Vorsehung vorbereitet war. Erst das Kaisertum, dann die Geburt Jesu, Paulus nach langem Sturme nach Malta verschlagen und dann hierher gelangend. Jawohl, so war es vorbestimmt, durch eine Vorsehung, die alles leitet."

Ich sah Mussolini in diesem Augenblick auf neue Art. Mit keinem Teil und Ort der Geschichte hat er sich so viel beschäftigt wie mit Rom: so empfindet er sich als ein Stück römischer Geschichte. Davon zeugte der Ausdruck seiner Züge während dieser letzten Sätze.

Ich unterbrach deshalb sein Nachdenken nicht, bis er seinen Kopf hob, mich freundlich ansah, eine neue Frage erwartend.

– Goethe, sagte ich, und später Mommsen haben von der Universalidee gesprochen, die sich in Rom verkörpert. –

„Deshalb, sagte er jetzt in verändertem, mehr logischem Tonfall, deshalb wäre es für die deutsche Geschichte vielleicht besser gewesen, Hermann hätte die Schlacht im Teutoburger Walde verloren. Ich glaube, es war Kipling, der schrieb: die Völker, die die Schule Roms nicht durchgemacht haben, gleichen Jünglingen, die nicht in der Schule waren."

– Aber heute, sagte ich, wie können Sie heute daran denken, Rom noch einmal zum Zentrum der Welt zu machen? –

„Zentrum der Welt ist es nur in dem Sinn, daß es die meiste Geschichte hat. Jerusalem und Rom: was käme daneben noch in Betracht?"

– Ich habe in ähnlichem Sinn einmal ein römisches Diktum von bedeutenden Lippen vernommen, sagte ich und verschwieg den Autor, um mein Gegenüber noch nicht zu beeinflussen: „Es ist Luther gewesen, der den Krieg verloren hat."

„Interessant. Wer hat Ihnen das gesagt?"

– Der vorige Papst, Benedikt XV. –

„Das – war überhaupt ein großer Papst", sagte er.

– Zu Weihnachten habe ich die Kirchen Roms mit Menschen vollgestopft gefunden. So war es auch in Rußland bis vor kurzem. Und jetzt, nach einem Jahrzehnt, sind die Kirchen dort bereits leer. Glauben Sie an die Fortdauer des Glaubens? –

„Wenn ich nach Spanien blicke, sagte er, so sehe ich die tiefe Krise, in der er sich befindet. Auch in Spanien waren die Kirchen früher überfüllt. Es gibt auch heute noch Religiosität, aber sie ist mehr oberflächlich als substantiell. Andrerseits muß man anerkennen, daß der Krieg und die

Krise in gewissen Naturen einen religiösen Sinn erzeugt oder kräftigt. Einige Individuen, auch Offiziere, auch ein deutscher Fürst, sind grade jetzt religiös geworden. Bei den Millionen ist es heut mehr eine Gewohnheit."

– Neulich haben Sie Cäsar herausgehoben, aber Jesus über ihn gestellt. Ich habe mich nicht verhört? –

„Cäsar kommt nach ihm, erwiderte er überzeugt. Jesus ist der Größte, denken Sie doch! Eine Bewegung zu entfesseln, die 2000 Jahre dauert! 400 Millionen Anhänger, darunter Dichter und Philosophen! Dieses Beispiel bleibt ewig! Und von hier ist es ausgestrahlt! Merkwürdig ist bloß, daß grade die menschlichsten römischen Kaiser die Christen am schärfsten verfolgt haben."

– Als ich gestern auf dem Kapitol den Marc Aurel reiten sah, sagte ich, da fiel mir ein Wort von ihm ein, das ich unter merkwürdigen Umständen, nämlich in der Villa von Cecil Rhodes bei Kapstadt als Sinnspruch angeschrieben fand: „Bleibe eingedenk, daß du ein Römer bist. Nimm dich in acht, daß du auch ein Kaiser bist." –

Mussolini hörte diese Worte mit Erstaunen, was seine aufgerissenen Augen andeuteten. Dann wiederholte er halblaut: „Nimm dich in acht, daß du auch ein Kaiser bist!" Und er schlug ein leises, unheimliches Lachen an.

Fünfter Teil.
Gespräche über Genie und Charakter

Handeln und Denken

Die vornehmen Säle, die ich sonst immer leer gefunden, waren mit zwanzig oder dreißig Herren angefüllt, die in der besten Laune disputierten, wie Bankdirektoren in ihrer guten alten Zeit taten, wenn sie nach kurzer Sitzung zum langen Frühstück übergingen. Man hatte die Gründung einer Città Academica in Rom beschlossen und schien von dem Empfang beim Staatschef sehr befriedigt.

Als Mussolini die vorgerückte Stunde mit dieser Sitzung entschuldigte, schilderte ich, worüber ich beim Zuschauen nachgedacht hatte: alle diese

Besuche, einzelne oder Deputationen, brachten sicher ihr ganzes Ich an seinen Schreibtisch.

– Und doch, fuhr ich fort, sehen Sie immer aus wie einer von den neuen mechanischen Notizblocks, von denen ein Druck alles fortlöscht, so daß sie gleich wieder weiß werden. Wie können Sie das Pathos Ihrer Anfänge über alle Kleinigkeiten hinweg sich erhalten, sozusagen aus einer Leidenschaft eine Ehe aufbauen? Geht denn im Trubel des Details Ihre erste Vision vom Staate nicht unter? –

Er war eine Minute nach der Universitätsstadt vollkommen „weiß"; die plötzliche Wendung vom Praktischen ins Platonische schien ihn heut und an andern Tagen sogar zu erfrischen, wie ein Übergang vom Zimmer ins Freie.

„Diese Gefahr besteht, sagte er jetzt. Die tägliche Praxis kann die Seele sterilisieren. Um das zu vermeiden, muß man sich mit der lebenden, atmenden Natur der Massen und wiederum des Einzelnen dauernd erfüllen: dann bleibt das Dichterische erhalten, und man kann der Unfruchtbarkeit der Bürokratie entgehen. Die ist wirklich geschaffen, um den Geist zu erschlagen. Darunter leiden alle Verwaltungen. Ich suche das durch den Gedanken an das Menschliche zu überwinden, mit seiner Not und Schönheit, seiner Schwäche und Größe."

– Wenn Sie auf diese ersten Visionen zurückblicken, sagte ich, die nun schon ein Dutzend Jahre hinter Ihnen liegen: ist das, was Sie erreichten, mit dem konform, was Sie planten? –

„Interessante Frage", sagte er, rückte vor, stützte die Arme auf und dachte eine Weile nach, bevor er erwiderte: „Nein. Es ist nicht dieselbe Straße, die ich vorausgesehen habe. Aber es ist noch derselbe Wanderer. Der Weg hat sich verändert, denn die Geschichte tut es. Das Individuum bleibt dasselbe."

– Also verändert die Erfahrung beständig den ersten Plan? –

„Natürlich. Das Material des Politikers, der Mensch, ist ja eine lebendige Materie. Das ist anders beim Bildhauer, der Marmor, Bronze oder Stein zu bearbeiten hat. Mein Material ist veränderlich, komplex, dem Einfluß der Toten unterworfen, auch dem Einfluß der Frauen. Die ganze Materie ist derart flexibel, daß die Folgen einer Handlung durchaus nicht immer so sind, wie man vorher dachte."

– Warum Einfluß der Frauen? fragte ich. –

Er lächelte nie, wenn ich mich mit einer dieser leeren Fragen dumm stellte, um ihn herauszulocken. Ich kannte seine Abwehr gegen die Frauen im Staat aus früheren Gesprächen und schloß aus dieser Hartnäckigkeit, multipliziert mit seiner Phantasie, daß sie ihm problematisch vorkommen.

„Das ist mir eine ungeklärte Welt, sagte er jetzt, ihr Einfluß. Weininger hat in der Hauptsache richtig gesehen, auch wenn er schließlich übertrieb. Er hat mir viel klargemacht."

– Sie scheinen mir, sagte ich, ganz wie die Männer, die ich in der Geschichte studierte, zu sehr Dichter, um in entscheidenden Momenten nicht rein intuitiv zu handeln, wie in einer Eingebung. –

„Das ist wahr, sagte er. Der Marsch auf Rom war durchaus eine solche Eingebung. Am 16. Oktober haben wir ihn in einer Versammlung in Mailand beschlossen. Aber das Datum des 28. wählte ich plötzlich, weil ich fühlte: ein einziger Tag Verzögerung kann alles unmöglich machen. Der Marsch auf Rom war nur an diesem Tage möglich." Er schwieg, in Erinnerung; dann setzte er auf seine Art, die durchaus lieber zu präzis sein will, als zu pathetisch, hinzu: „Vielleicht."

– Dann müssen Sie, sagte ich, von Vorgefühlen geleitet und wohl auch gequält werden. –

„Beides. Das sind die unterbewußten Ereignisse, körperlich und seelisch. Im Sommer spüre ich den Herbst voraus. Ich spüre auch Drohungen voraus und fange an manchem Tag eine Sache nicht an. Als ich am 31. Oktober 26 in Bologna war, drückte mich die Atmosphäre derart, daß ich den ganzen Tag etwas Schlimmes kommen sah. Abends kam ein Attentat."

– Warum haben Sie dann nicht besondere Maßnahmen zu Ihrer Sicherheit getroffen? –

„Weil ich durchaus Fatalist bin."

– Da müßten Sie logischerweise der Polizei allen und jeden Schutz verbieten, den man für Sie organisiert. –

„Jeder Schutz, sagte er, wirkt nur bis zu einer gewissen Grenze. Ich lasse immer eine große Spalte dem Unvorhergesehenen offen, dem guten und dem bösen."

– Auch bei Entscheidungen des Staates? –

„Erst recht. Ein Gesetz kann die umgekehrten Folgen haben, als die, die ich vorgedacht."

– Darin steckt ein Reales, sagte ich, und ein Mystisches. Ich folgere, daß Sie Talismane besitzen. Alle selbstbewußten Naturen gründen sich ihren eigenen Aberglauben. –

Er nickte: „Ich auch. Und ich habe welche."

– Sie sollen eine Mumie, sagte ich, die man Ihnen geschenkt hatte, auf die Nachricht vom Tode des Lord Carnavon sogleich haben wegtragen lassen, weil dieser offenbar aus Rache für die Öffnung des ägyptischen Grabes gestorben war. –

„In diesem Falle war es kein Aberglaube, sagte er. Man soll die Toten nicht herumschleppen. Das ist eine Profanation des Todes."

– Haben Sie auch die Erfahrung gemacht, fragte ich weiter, daß der Glaube an Talismane von der Jugend zum Alter hin zunimmt? Oder hat er bei Ihnen abgenommen? –

„Zugenommen."

– Sie haben sehr schön Ihre Jugend beschrieben, sagte ich. Es ist das Beste, was ich aus Ihrer Feder las. Merkwürdig, genau so geht es bei Trotzki. Vergleiche ich dies mit den Dichtungen Napoleons und anderer Staatsmänner, so scheint es doppelt wahr, daß ohne eine poetische Ader der handelnde Mensch nicht groß wird. –

„Der Politiker, sagte Mussolini, braucht zuerst und zuletzt Phantasie, sonst ist er trocken und kommt auf die Dauer zu nichts. Aber nicht bloß er. Ohne ein dichterisches Gefühl, ohne Phantasie kann doch niemand zu irgend etwas gelangen.“

– Und was schützt Sie heute davor, von der Phantasie beherrscht zu werden? –

„Die Erfahrung.“

– Jedenfalls, sagte ich, bleibt Ihnen die Kunst des Wortes, ohne die ich mir zum Beispiel Napoleons Laufbahn nicht denken könnte. Es gibt Manifeste und Reden von ihm, durch die er faktisch Siege errungen hat. –

„Die Macht des Wortes, sagte er, hat für den Regierenden unermeßlichen Wert. Es muß nur immerfort variiert werden. Zur Menge muß man machtvoll sprechen, logisch vor einer Versammlung, familiär zu kleinen Gruppen. Das ist der Irrtum vieler Politiker, immer denselben Ton anzustimmen. Natürlich spreche ich im Senat anders als auf der Piazza.“

– Also glauben Sie, fragte ich, an die Verwandtschaft zwischen Dichter und Staatsmann, die ich im Studium beider Menschentypen so oft bestätigt fand. Halten Sie nun für möglich, daß der Dramatiker dem Staatsmann den Weg bereiten kann? Geht er zum Beispiel im allgemeinen einer Revolution voraus? –

„Entschieden, sagte Mussolini. Als Denker und mit seiner hochentwickelten Phantasie ist der Dichter fast immer Prophet der neuen Zeit. Dante ist dafür ein großes Beispiel. Er zeigte die beginnende Befreiung des Geistes an. Einer bestimmten Revolution, wie Sie zu glauben scheinen, gehen aber die Dichter nicht voraus. Die Linien können sie nicht vorher feststellen, die ändern sich ja immerfort. Denker und Dichter sind wie Vögel, die das Gewitter anzeigen; sie wissen nur nicht, woher es kommt und wie sich's entladen wird. Die Enzyklopädisten zum Beispiel wollten die Befreiung der Klassen, aber die Linie der Entwicklung wußten sie nicht. Mirabeau blieb bis zum Schluß Royalist, sogar Danton hatte solche Gedanken und war zuerst nicht für die Republik. Der

Engländer Young, der kurz vor der Revolution durch Frankreich reiste, berichtete: Alle erwarten ein Ereignis. Er hatte mit jedermann gesprochen und nur bemerkt, daß alle irgend etwas kommen sahen, aber nicht was."

– Als Sie selber Bücher schrieben, sagte ich, hatten Sie das befriedigende Gefühl, etwas zu schaffen, oder nur die Resignation des Schreibenden und die Hoffnung, später zu handeln? –

„Warum Resignation?" fragte er aufmerksam.

– Ich habe es immer als Zurücksetzung empfunden, nur zu schreiben. Erst spät habe ich mich in diese passive Rolle gefunden und mich mit Byron getröstet, dessen Verse jemand verhaltene Parlamentsreden genannt hat. –

Er nickte, sagte aber dann: „Das gilt indessen nicht für die Jugend. Da bedeutet das Schreiben eine Übung des Geistes, wodurch man die Sachen in ihrer Vielseitigkeit sehen lernt. Auch wenn es später von der Wirklichkeit verworfen wird, weil es nicht praktisch war oder weil es die Entwicklung vorwegnahm. Mit 18 schreibt jeder Gedichte. Da ist man fast immer von der Phrase beeinflußt. Die Phrase ist für einen jungen Mann eine schöne Frau, in die er sich verliebt. Mit Vierzig sieht man dann die Fakten."

– Mögen Sie Ihre Jugendbücher leiden? –

„Die Kardinalsgeschichte, sagte er, ist ein gräßlicher Schmöker, ich habe sie mit politischer Absicht für eine Zeitung geschrieben. Damals war der Klerus wirklich von korrupten Elementen durchsetzt. Das ist ein Buch zur politischen Propaganda."

– Sie haben sich, sagte ich, aus Ihrer dichterischen Hälfte gewiß eine Kontrolle in die aktive hinübergenommen, eine Art Analyse Ihres Ich. In den entscheidenden Oktobertagen 22 hören und beschreiben Sie zum Beispiel, wie das Echo der Guardia Regia durch die verlassenen Straßen von Mailand hallte. –

Er nickte lebhaft und sagte: „Ich habe dies doppelte Fühlen, von dem Sie sprechen, immer in mir. Ich benutze es zur Prüfung des Bewußtseins."

– Vielleicht sehen Sie dann auch, forschte ich weiter, Ihre eigenen Taten zu verschiedenen Zeiten in verschiedenem Lichte? Napoleon behauptete als Erster Konsul, er sei durch die Unfähigkeit der Direktoren zur Macht gekommen und habe nur Ordnung machen wollen. Als Kaiser erklärte er sich ganz anders. –

„Natürlich, sagte er. Die veränderte Stellung verändert den Rückblick auf die Wanderung." Dann fügte er leise grollend hinzu: „Ich für meinen Teil bin übrigens durchaus nicht bloß gekommen, um Ordnung zu schaffen."

– Darin unterscheiden Sie sich vom reinen Dichter, sagte ich. D'Annunzio gab mir in einem echten Dichterbekenntnis zu, er wäre nach Fiume nur gegangen, um zu handeln. –

„Das ist keine politische Norm, sagte Mussolini. Die Politik ist doch ein Mittel und kein Zweck."

– Und doch, insistierte ich, haben Sie in der Jugend wiederholt geschrieben: „Das Ende der Schlacht kommt in zweiter Reihe. Der Preis liegt für uns im Kampf, auch ohne Sieg." So redet der schöne Wahnsinn, der Dichter, der Jüngling. Glauben Sie das heute nicht mehr? –

Mussolini war mir mit Kopfnicken gefolgt, jetzt schob er auf seine Art Kinn und Lippe vor, blickte dunkler und entschlossen drein, als wollte er sich die Ideale seiner Jugend nicht rauben lassen und sagte:

„Durchaus! Da sind wir sogar wieder im Kern der faschistischen Philosophie. Als neulich ein finnländischer Philosoph mich bat, ihm den Sinn des Faschismus in einem Satze zu geben, schrieb ich in deutscher Sprache: Wir sind gegen das bequeme Leben!"

– Also sehe ich recht, fragte ich weiter, daß Sie Ihre Handlungen symbolisch verstehen? –

„Das geht auf die Formen zurück, in denen sich das Leben abspielt. Ohne Symbol wäre das Leben zufällig, indifferenziert."

– Sie würden Napoleons Abschiedswort annehmen: Welch eine Ballade war mein Leben! –

„Wundervoll!“

– Und glauben Sie heute, nach so langer Erfahrung, die Menschen besser schildern zu können, wenn Sie wieder zu schreiben anfingen? –

„Viel besser! sagte er lebhaft. Übrigens, wie würden Sie sie einteilen?“

– In Handelnde und Betrachtende, sagte ich. –

Er setzte sich an den Tischrand, legte die Arme auf und machte sein ironisches Gesicht, wobei er sagte:

„Ich unterscheide sie zunächst in solche, die mich anziehen, und solche, die mich abstoßen. Das ist mir sofort klar: physiognomisch. Dann gibt es eine Menge anderer Kategorien, zum Beispiel die Optimisten, unter denen ich wieder eine Menge Sekten unterscheide. Dann gibt es die Mit- und Anempfindenden, die die Wirklichkeit mit derselben Finesse anfassen, wie die Biene den Honig aus der Blume saugt. Wieder andere lassen sich von der Wirklichkeit zerdrücken, bevor sie sie verstanden haben. Ich habe Erfahrungen gemacht. – Da bemächtigt man sich dann der Wirklichkeit.“

Solche entscheidende Dinge sagt er gern als Nachsatz, leise, zum Abschluß einer Gedankenreihe; dann sieht er einen groß an, lächelt und scheint zu fragen: sind jetzt alle Welträtsel gelöst? Ich ließ in solchen Augenblicken nicht merken, daß ich seine Ironie begriff, sondern fuhr mit besonderem Ernst fort.

– Haben Sie nur aus der Wirklichkeit gelernt? fragte ich diesmal. Neulich sprachen wir von der Macht der Dichtung. Wenn Sie heut aus Ihrer Loge Antonius auf der Bühne agieren sehen oder Cäsar, lächeln Sie dann oder studieren Sie sie mit Vorteil? –

Mussolini drehte sich nach einem mit Büchern bedeckten Tisch hinter sich um und nahm das oberste Buch, es war aufgeschlagen.

„Da liegt grade der Cäsar, sagte er, indem er in einem französischen Shakespeare blätterte. Eine große Schule für Regierende! Ich dachte eben wieder, wie er in seinen letzten Tagen doch ein Opfer der Phrase geworden ist.“

– Der historische oder der dramatisierte? –

„Ich fürchte, auch der historische, sagte er nachdenklich. Warum beachtete er nicht die Liste der Verschworenen, die man ihm doch in die Hand drückte? Oder läßt er sich vielleicht töten, weil er fühlt, er ist fertig? Da höre ich freilich aufmerksam zu im Theater und mache meine Vergleiche, hier, mit diesem Tisch. Die großen Probleme der Macht sind doch immer dieselben geblieben: wie man regiert und wie man mit der geringsten Reibung regiert."

– Empfinden Sie diesen Römer als ein Vorbild? –

„Keinen bestimmten", sagte er, machte das Buch zu und legte es weg. „Aber die ganze Praxis der lateinischen Tugenden schwebt mir vor. Sie stellt ein Vermächtnis dar, das ich zu nützen suche. Die Materie ist dieselbe. Und da draußen, das ist noch immer Rom."

Und er wies auf den Lichtschein, der von der lampenreichen Piazza durch die grünlichen Glasfenster hereindrang.

Stolz und Handlung

– Es ist nicht schwer, fing ich diesmal an, als Grundzug Ihres Charakters den Stolz zu erkennen. Aber was ist Stolz? –

„Das Bewußtsein seiner selbst“, sagte Mussolini.

– Im Deutschen hat das Wort zwei Bedeutungen. Was heißt alterigia? –

„Das ist Übermut, die Degeneration des Stolzes.“

– Ich habe nie begriffen, sagte ich, wie eine außerordentliche Natur auf etwas stolz sein kann, was sie nicht durch sich selbst erreichte, zum Beispiel auf die Familie. Sind Sie stolz, daß Ihre Vorfahren im 13. Jahrhundert in Bologna ein Wappen besessen haben, das jemand ausgegraben hat? –

Sein Gesicht bekam einen wegwerfenden Ausdruck. Er legte den Kopf zurück, hielt das Kinn stolz nach oben und sagte:

„Rührt mich nicht im mindesten. Mich interessiert nur einer von meinen Vorfahren: das war ein Mussolini, der in Venedig seine Frau erschlagen hat, weil sie ihn betrogen hatte, und ihr dann, bevor er floh, zwei venezianische Scudi auf die Brust legte, damit man das Begräbnis bezahlen könnte. So sind die Leute in der Romagna, aus der ich stamme. Alle ihre Lieder sind Liebestragödien."

– Gut, sagte ich, daß Sie noch immer nicht Herzog sind oder dergleichen. Es ist sicher nicht wahr, daß Sie sich ein Wappen ausgedacht haben. –

„Alles nonsense."

– Und worauf sind Sie stolz in Ihrer Laufbahn? –

„Daß ich ein guter Soldat war, sagte er ohne Nachdenken. Das heißt, Seelenkraft beweisen. Nur so kann der Mensch ein Bombardement aushalten."

– In der Kindheit, sagte ich, hat Ihr Stolz harte Proben aushalten müssen. –

„Furchtbare Dinge, sagte er leise. Meine Mutter bat im Collegio vergebens um eine Unterstützung für mich. Bei Tisch aßen wir Jungens in drei Abteilungen. Ich mußte immer unten sitzen und mit den ärmsten essen. Die Ameisen im Brote der dritten Klasse könnte ich vergessen, aber daß wir Kinder in Klassen eingeteilt waren, das brennt mir noch heut auf der Seele!"

– Dafür sind diese Leiden in Ihnen produktiv geworden. –

„Sehr! rief er lebhaft aus. Solche unerträglichen und unverschuldeten Erniedrigungen machen einen zum Revolutionär.“

– Wenn solche Gefühle der Erniedrigung national werden, sagte ich, dann sollte sie nur der in die Welt hinausrufen dürfen, der Verantwortung übernimmt. In einer Rede im Senat, es war im Jahre 23 oder 24, haben Sie in pathetischen Worten die ganze Verantwortung auf sich herübergezogen. Es liest sich, wie – aber Sie werden es nicht glauben! –

„– liest sich, wie wer?“

– Wie eine Rede Lassalles vor Gericht, fuhr ich fort. Und ganz wie dieser zitieren Sie den Heraklit. –

„Ich bewundere Lassalle, sagte Mussolini. Das war ein Mann erster Ordnung, mit viel mehr Phantasie als Marx. Deshalb hatte er auch eine weniger katastrophale Vision der kommenden Welt. Und wie er sich am Ende für die schöne Dönniges totschießen läßt, das beweist erst recht die Stärke seiner Phantasie.“

– Die Russen, sagte ich, lassen ihn jetzt fallen, seit neue Dokumente seinen Verkehr mit Bismarck beleuchten. Ich habe das einmal auf die deutsche Bühne gebracht. Lassen Sie mich zum Stolz zurückkehren. Mit 20 sollen Sie einmal von der Polizei in Zürich festgenommen und körperlich gemessen worden sein. –

„In Bern.“

– Ist es wahr, daß Sie aus Wut über das Messen ausriefen: Es kommt eine Rache! –

„Es ist wahr, sagte er. Das waren Hammerschläge auf mein Wesen, die mich härter zusammenschlugen und mir nützlicher waren, als meine Gegner ahnten.“

– Damals, fragte ich, sollen Sie einem Italiener, der Ihnen 5 Lire schenkte, dafür ein arabisches Messer geschenkt haben? –

Er nickte: „Das war in Jverdon, so ein halblanges Messer. (Er zeigt die Länge an seinem Arm.) Ich hätte ihn gehaßt, wenn er mein Geschenk für sein Geld nicht angenommen hätte."

– Unter allen Ihren Taten hat mir keine so gut gefallen, sagte ich, sie hört sich wie eine Legende an. Um so weniger begreife ich Ihre Theorien oder Gefühle, wenn Sie die persönliche Ehre auf eine Gemeinschaft übertragen und Patriotismus eine Tugend nennen. –

Er sah mich groß an: „Warum nicht?"

– Weil er die billigste von allen Phrasen darstellt, sagte ich, mit der jeder Esel sich schmücken kann. Der grimmige Engländer Johnston nannte den Patriotismus the last refuge of a scoundrel. –

„Und warum vergessen grade Sie, fragte er zurück, daß jede Nation eine Geschichte hat? Alle Völker, die eine Geschichte haben, haben eine Ehre. Das Vermächtnis der Väter ist es gradezu, das ihre Existenz rechtfertigt. Eine Nation, die Shakespeare, Goethe oder Pascal hervorgebracht hat, die Dante, Petrarca, Ariost der Welt geschenkt hat, das ist kein Nomadenvolk. Die Ehre der Nationen sehe ich in dem Beitrag, den sie der Kultur der Menschheit hinzugefügt haben."

– Diese Ehre, fragte ich, muß also mit den Waffen verteidigt werden? Weil der Weltbürger Goethe, der den Krieg verabscheute, die Menschheit reicher gemacht hat, muß nötigenfalls eine Million junger Leute in Gas aufgehen! –

„Es sind nicht alle Beleidigungen gleich schwer, erwiderte er. Auch hängt viel davon ab, wer beleidigt, ein Journalist oder ein verantwortlicher Staatsmann."

– Jedenfalls soll ich eine Selbstverständlichkeit, nämlich meine Liebe zum Lande, die so natürlich ist wie die zu meinen Eltern, – die soll ich für eine Tugend halten! –

„Zunächst ist der Patriotismus nur ein Gefühl, sagte Mussolini. Eine Tugend wird er erst durch das Opfer. Je nach dem Maße des Opfers steigert sich diese Tugend."

– Die Gefahr liegt darin, entgegnete ich, daß jede Nation sich in solchem Falle mit ihrer Ehre besonders brüstet. Wir haben die Folgen des deutschen nationalen Hochmutes, der ein Menschenalter lang aufgepeitscht wurde und Europa böse machte, bitter büßen müssen. –

„Das war Deutschlands Sache, sagte Mussolini und zog mit der Hand eine Grenze. Wenn bei den Deutschen das Nationalgefühl zu sehr geschwollen war, so war es bei uns umgekehrt zu schwach geworden. Ich habe die Italiener nie als das Salz der Erde bezeichnet. Ich habe nur betont, daß wir so viel Licht und Raum brauchen wie die andern."

– Wenn Ihnen aber das Volk eines Tages vor lauter Begeisterung durchgeht? –

Er machte eine Pause, sah mich kritisch an und sagte:

„Das kommt auf die Autorität des Führers an."

– Vor drei Jahren, sagte ich, haben Sie Europa durch eine Reihe von Kriegsreden in Schrecken gesetzt. –

„Damals waren wir gereizt worden. Ich mußte sehen, bis zu welchem Punkte mir die Nation im Notfalle folgen würde. Das Echo haben Sie vernommen."

– Nicht nur das Echo in Italien, sagte ich. Briands Schweigen auf Ihre Reden war sein Verdienst. Entsinnen Sie sich, wie er auf der Genfer Tribüne zu sagen wagte: unter mir macht Frankreich keinen Krieg? Noch zwei Jahre später, noch in der Erinnerung war er verdunkelt, als ich ihm von jenen Wochen sprach. –

Mussolini ist, wenn er etwas Neues hört, sehr aufmerksam; man sieht, wie er ein Wort, das ihm interessant vorkommt, in sein Gedächtnis einschreibt. Jetzt nickte er und sagte, ohne im mindesten irritiert zu sein:

„Briand war kein Feind Italiens."

– Dergleichen Akte schnellen Handelns, sagte ich, die Europa zuweilen erschreckt haben, kontrastieren mit einer besonderen Geduld, die ich in andern Unternehmungen bei Ihnen bemerkte. –

Da er sah, wie ich aus dem Riff der Unterhaltung herauszusteuern suchte, änderte auch er sogleich Stimme und Haltung und sagte:

„Vor 30 Jahren habe ich meinen Schülern einmal das Thema gegeben: Durch Beharrlichkeit erreicht man das Ziel. Das hat meinen Vorgesetzten gefallen. Um dieselbe Zeit schrieb ich meinen ersten Artikel – nein, eigentlich war es mein zweiter –, der hieß: Die Tugend der Geduld. Wahrscheinlich empfand ich damals, wie nötig mir diese Tugend sei. In Wahrheit bereite ich alles lange vor."

– Einige Entschlüsse, erwiderte ich, können aber nicht vorbereitet gewesen sein. Zum Beispiel die Affäre von Korfu. –

Er setzte sich zurück, blickte von mir weg vor sich hin und fing an zu monologisieren:

„Diese beiden Techniken gehen durchaus zusammen: Geduld in der Vorbereitung, Schnelligkeit in der Ausführung. Auch der Marsch auf Rom konnte nur durch Schnelligkeit gelingen. Als alle Welt glaubte, es würde in Rom oder Florenz losgehen, fing es in Pisa an. Ich saß, um alle Welt zu täuschen, an diesem Oktoberabend im Theater in Mailand. Ich weiß noch, man spielte den ›Schwan‹ von Molnar. Meine Proklamation war schon seit dem 16. fertig. Ich hatte sie Chiavolini gegeben, weil er mir der verschwiegenste schien. Hätte man bei mir Haussuchung gemacht, so wäre ich festgesetzt worden."

– Warum nannten Sie Ihr Unternehmen ohne Vorbild in der Geschichte? -

„In der italienischen, verbesserte er. Italien zu mobilisieren, um auf Rom zu marschieren: dazu muß man Jahrhunderte zurückgehen."

– Wenn aber einer Ihrer vier Generäle, die doch im Eide des Königs standen, sichs anders überlegt und gegen Sie das Schwert gezogen hätte? –

„Den hätten wir bekämpft."

– Und für den Fall des Mißlingens? –

„Der war nicht vorgesehen. Er war unmöglich. Hätte ich ihn nicht für unmöglich gehalten, wie hätte ich handeln können!“

Die beiden letzten Antworten schoß er schnell, scharf und feindlich ab; nicht grade gegen mich, aber gegen eine skeptische Welt, die aus meinen Fragen zu sprechen schien. Er sprach in diesen Augenblicken wie ein Offizier, der sich an der Erinnerung an seinen besten Sieg verjüngt. Ich suchte rasch noch eine ähnliche Frage, um diesen Ton noch einmal zu hören:

– Aber vorher, in den Jahren der Enttäuschung, als Sie in den Wahlen geschlagen wurden: ist Ihnen nie der Gedanke gekommen, daß das Ganze vielleicht nicht geht? –

„Niemals!“ rief er eben so rasch und scharf wie zuvor. In solchen Augenblicken hat man Ton und Haltung des Willensmenschen zum Greifen nahe, zugleich den tieferen Grund seines Erfolges. Ich dachte an das hundertmal herumgewälzte Problem der sogenannten Umstände und sagte:

– Also haben Sie sich, scheint mir, von den Umständen treiben, aber nicht hindern lassen. In der Geschichte habe ich dies nur soweit entscheidend gefunden, als sie in der Jugend die Richtung bestimmen. Wäre Bismarck oder Cavour im Volke geboren, so hätten sie mit gleicher Leidenschaft die rote Fahne vorausgetragen. –

„Charakter und Umstände, sagte er, spielen mit- und durcheinander. Eins ohne das andere gibt keine Gleichung. Dabei zieht das Glück den Tüchtigen an.“

– Wenn Sie diese Sicherheit schon immer besaßen, sagte ich: was haben Sie dann in diesen zehn Jahren des Regierens, pragmatisch gesprochen, gelernt? –

Er blickte mich voll, fast möchte ich sagen, dankbar an, was er sehr selten tut; denn wie alle einsamen Denker fühlt auch Mussolini sich ebenso gern selten erkannt, wie er zumeist in seinem Denken unbeobachtet bleiben möchte. Nach einer Pause faßte er sich zusammen:

„Meine gesamte Haltung habe ich in diesem Jahrzehnt großen Stiles entwickelt. Ich habe mich überzeugt, daß der Tat das Primat zukommt. Sogar wenn sie verfehlt ist. Das Negative, das Ewig-Unbewegte ist der Fluch. Ich bin für die Bewegung. Ich bin ein Wanderer."

– Und geht es auf dieser Wanderung bergauf, bergab, bergauf? fragte ich. Oder gleicht sie eher einer Bergbesteigung in den Alpen, wo sich die Aussicht dauernd weiter und weiter öffnet? –

„So ist es, sagte er. Die Alpen."

Über Kunst

„Die höchste unter allen Künsten, sagte Mussolini, ist für mich die Architektur, denn sie faßt alles zusammen."

– Sehr römisch, warf ich ein. –

„So bin ich auch, fuhr er fort. Griechenland hat mich nur von der Seite der Philosophie angezogen." Nach einer Pause fuhr er fort: „Und dann vom Drama her. Das Drama hat mich immer am stärksten aufgeregt. In der Jugend liebte ich Schillers Tell, ich habe auch darüber geschrieben. Natürlich machte ich selber Stücke. Diese Entwürfe sind aber nie fertig geworden. Eines hieß ›Die Lampe ohne Licht‹, es war ein soziales Stück im Sinn Zolas und sollte das Schicksal eines armen, blinden Kindes darstellen. In einem anderen, ›Der Kampf der Motore‹ wurde ein Fabrikgeheimnis gestohlen und an diesem Vorgang der Kampf der Arbeit gegen das Kapital versinnbildlicht."

– Tut es Ihnen leid, fragte ich, oder sind Sie froh, daß die Sachen nicht geschrieben wurden? –

„Das sind Bücher, sagte er, in denen ich meine Ideen ordnen wollte. Da ist es wichtiger, daß sie entworfen, als daß sie ausgeführt werden."

– Dafür, sagte ich, scheinen Sie heute umgekehrt Ihre Dramen für andere zu entwerfen. –

„Sie meinen das Napoleon-Stück? Das kam so. Ich las Ludwigs Napoleon, ließ darauf Forzano kommen und sagte ihm: Wenn noch keiner die Vorgänge auf dem Marsfelde im Frühling 1815 zum Ausgang eines Dramas gemacht hat, so hat man den stärksten Punkt übersehen. Dann schrieb ich ihm ein Scenarium auf. Nach der Lektüre eines Buches über Cavour machte ich dasselbe mit der Tragödie von Villafranca. Die Leute behaupten, es sei mehr Historie als Dichtung."

– Mir bekannt, sagte ich. Als ich vor zehn Jahren das sogenannte Zeitstück mit einem dramatisierten Bismarck in Deutschland einführte, wurde ich von der Kritik zerzaust, aber das Stück ging über tausendmal vor einem lernbegierigen Publikum in Szene. Mich wundert, daß man hier den Film nicht stärker zur Propaganda benutzt. Der faschistische Film, den man im Ausland gezeigt hat, taugte gar nichts. –

„Darin sind die Russen vorbildlich, sagte Mussolini. Wir werden auch bald mehr Geld dafür haben. Der Film ist heute die stärkste Waffe."

Ich ging auf Literarisches über.

– Vor 30 Jahren sollen Sie sich mit deutscher Literatur beschäftigt haben? –

„Zur Übung im Deutschen, sagte er, habe ich Klopstocks ›Messias‹ gelesen. Das ist das langweiligste Buch der Weltliteratur."

– Warum, um Gottes willen, haben Sie denn den „Messias" genommen, den seit Klopstocks Zeiten noch nie ein Deutscher ausgelesen hat! –

„Ich machte noch andere Irrtümer, sagte er lächelnd. Unter dem Einfluß von Gomperz habe ich einen Abriß der Philosophie entworfen. Das ist alles verbrannt. Leider ist dabei auch eine bessere Monographie über die Anfänge des Christentums umgekommen."

– Es gibt noch etwas besseres in Deutschland als Gomperz und Klopstock, sagte ich. Haben Sie eigentlich viel Goethe gelesen? –

„Nicht viel, sagte er, aber einiges gründlich. Vor allem Faust und zwar beide Teile. Ferner Heine, den ich sehr liebe, auch Platen, über den ich geschrieben habe. Von den modernen Dramatikern ist mir d'Annunzio am liebsten in der ›Tochter des Jorio‹ und in ›La Fiaccola sotto il moggio‹. Shaw bewundere ich, fühle mich aber durch seinen Willen zur Originalität manchmal gestört. Pirandello macht eigentlich, ohne es zu wollen, faschistisches Theater: die Welt ist so, wie wir sie machen wollen, sie ist unsere Schöpfung."

– Sie lesen noch immer viel? Machen Sie sich Notizen? –

„Ich lese alles, sagte er. Manchmal notiere ich mir ein gutes Wort." Er zog aus einer Schublade des großen Tisches ein rotledernes Tagebuch, zeigte mir, wie er täglich darin Aufzeichnungen machte, je eine halbe oder auch eine ganze Seite, sprach von dieser Gewohnheit, die er hier in Rom vor fast zehn Jahren angenommen hätte, blätterte und las, indem er einiges aussuchte, mit Pausen folgende Stellen aus den letzten Wochen vor:

„Das Buch über Robespierre über den Terror beendet ... Poincarés Buch über Verdun beendet. Seine Kritik der Italiener (folgen Notizen über die Haltung einiger italienischer Regimenter, mit Kritik) ... Ein Buch über Napoleon als Journalist angefangen ... Der ungarische Marsch in Berlioz ›Faust‹ gefiel mir gut ... Es ist ein Irrtum, daß die Deflation ein Grund der Krisis ist, sie ist eine Folge. Sie kommt von der Verbergung des Geldes. Sie wird nicht von den Regierungen gemacht, sondern von den Kapitalisten, die ihr Geld verstecken ... Briand gestorben. Er hat Italien nicht bekämpft. Er starb, als das offizielle Frankreich seine Politik der Verständigung zerstören wollte. So hat er sie ein Jahr überlebt. Voller Talente und Ideen, aber Poincarés Urteil ist richtig, daß er ein Bohémien war ... Das Buch von Siegfried über die englische Krise gelesen. Seite 195 sagt er, England ist wie ein Schiff, verankert in europäischen Gewässern, aber immer bereit, hinauszufahren ... Die Bank von San Giorgio in Genua: die erste Aktiengesellschaft der Welt ..."

Als er das Buch schloß und weglegte, kam ich auf seine literarischen Lehrer zurück und fragte ihn, ob er viel mit Dante gelebt habe.

„Eigentlich immer, sagte er. Er hat mir zuerst eine Vision der Größe gegeben, zugleich hat er mir die Höhe angezeigt, zu der sich die Dichtung erheben kann." Plötzlich änderte er den platonischen Ton, setzte sich vor, schmunzelte und sagte mit zufriedenem Groll: „Darüber hinaus fühle ich mich ihm verwandt durch seine Parteileidenschaft, durch seine Unversöhnlichkeit. Dante hat seinen Feinden nicht einmal verziehen, als er sie in der Hölle wiedertraf!"

Bei solchen Geständnissen schiebt er den Unterkiefer mehr vor und scheint an bestimmte Erlebnisse zu denken.

– Das ist bismarckisch, sagte ich. Der sagte einmal: „Ich habe heute nacht nicht geschlafen. Ich habe die ganze Nacht gehaßt!" –

Er lachte, und ich fuhr fort, indem ich durch das Fenster auf die Piazza hinunterwies:

– Aber dort unten war einmal ein ganz anderer Lateiner: der hat sogar die Namen seiner Feinde vergessen! –

„Cäsar", sagte Mussolini mit demselben dunklen und innerlich erregten Tonfall, in dem er schon zweimal diesen Namen ausgesprochen. „Der größte unter allen Menschen, außer Christus, die je gelebt haben. Man wollte ihm den Kopf seines Feindes Pompeius bringen, statt dessen bereitete Cäsar ihm eine großartige Leichenfeier. Ich bewundere diesen Charakter." Und dann nach einer Pause, wieder grimmig: „Aber ich selber gehöre zur Klasse der Bismarcks."

Um ihn aus seinem Groll zu heben, brachte ich ihn auf die Musik und erzählte ihm, Bismarck habe von der Musik bedeutungsvoll gesagt, sie errege in ihm die Gefühle entweder des Krieges oder der Idylle. –

„Stimmt genau, sagte er. Ob ich selber noch spiele? Seit zwei Jahren nicht mehr. Zuerst ist es eine Erholung, dann verbraucht es die Nerven. Nach einer halben Stunde Geigen bin ich beruhigt, nach einer Stunde aufgeregt. Das ist wie bei allen Giften. Die schönen Geigen, die man mir geschenkt hat, habe ich jungen Leuten gegeben, die Talent haben, aber kein Geld."

– Für einen Mann des Willens, sagte ich, ist auch Wagner ein Gift, und nicht einmal ein süßes. Ich wette, daß Sie Beethovenianer sind. –

„Parsifal ist mir unerträglich, aber ich liebe den dritten Akt Tristan und den früheren, melodischeren Wagner, Tannhäuser und Lohengrin. Beethoven bleibt für uns Heutige doch eigentlich das Höchste, besonders die 6. und 9. Symphonie und die letzte Kammermusik. Und doch ist mir Palestrina und seine Schule irgendwie verwandter, obwohl sie zu Beethoven nur heranreichen."

– Das würde kein Deutscher mitempfinden, sagte ich. Wie ist es möglich, daß die übernationalste, die immateriellste unter allen Künsten sich in ihren Wirkungen doch immer wieder rassenmäßig unterscheidet? –

„Natürlich, sagte er. Stecken Sie mich in einen dunklen Raum, neben dem gespielt wird, und ich glaube, ich werde unterscheiden: das ist deutsche Musik, das ist französische, italienische, russische. In ihrer Sprache ist die Musik international, in ihrem inneren Wesen ganz national. Ich halte sie sogar für den tiefsten Ausdruck einer Rasse. Das geht bis zur Ausführung. Verdi wird von uns nur besser gespielt, weil wir ihn im Blute haben. Hören Sie Toscanini, den größten Dirigenten der Welt!"

– Der ist das beste Gegenbeispiel, beharrte ich, soweit es die Ausführung angeht. Kein Deutscher dirigiert Beethoven so schön wie dieser herrliche Italiener, aber Verdi habe ich bei uns zuweilen besser gehört als hier. Übrigens hat Nietzsche, den die Alldeutschen in eine Blonde Bestie umfälschen, Carmen tiefer erfaßt, als irgendein Franzose, und Wagner, der am wenigsten Deutsche unter allen unseren Meistern, wird heute nur noch im Auslande von den Besten gefeiert. –

„Nur bei den Ausnahmen haben Sie recht, sagte er. Wagner macht wirklich keine germanische Musik. Auch Nietzsche, der sich auf polnische Ahnen zurückführte, war ganz ungermanisch, spottete stets über Preußen und das neue Kaiserreich, las in Basel griechische Philologie und war Lateiner aus Leidenschaft geworden. Beide halte ich für Ausnahmen. Im allgemeinen aber haben Sie unrecht."

– Ich habe, sagte ich, immer gefunden, daß man nicht ungestraft das musikalischeste Volk der Welt ist. Die Deutschen, die ich dafür halte, sind dafür die unpolitischeste Nation geblieben, und die Engländer, die am wenigsten Musik in sich tragen, sind die politisch Begabtesten. – Er sah mich lächelnd an, war aber viel zu taktvoll, um diese doppelte Provokation zu bekämpfen, und sagte nur in höflichem Tone:

„Ich habe über beides meine Zweifel."

Es war Zeit, daß ich wieder freie Bahn gewann, und so fragte ich ihn:

– Wenn Sie also gedichtet, geschrieben und Musik gemacht haben: glauben Sie, daß Sie zur Kunst zurückkehren könnten, wenn Ihnen einmal – unfreiwillige Muße aufgezwungen würde? –

Er schüttelte den Kopf:

„Zur Betrachtung kehre ich nicht mehr zurück. Ich bin ein westlicher Geist, im stärksten Sinn des Wortes. Ich sage mit Eurem Faust nicht mehr: Im Anfang war das Wort. Sondern durchaus: Im Anfang war die Tat!"

Er zitierte diese Worte in reinem Deutsch. Da ich ihn aber auf diesen entscheidenden Punkt festlegen wollte, fragte ich nochmals:

– Und Sie haben niemals Augenblicke der Sehnsucht: fort, fort von dieser Arbeit? –

„Nie", sagte er bestimmt und schien durch seinen Blick dieses Geständnis zu beschwören.

Einsamkeit

– In großen Laufbahnen, fing ich an, habe ich immer beobachtet, wie sich Männer, die ihre Kreise verlassen haben, zwischen alten Freunden und erzwungener Einsamkeit verhielten. Da enthüllt sich ein Stück Charakter. Was tut man also im Konflikt zwischen Menschlichkeit und Autorität? Kommt man bei einer solchen Distanzierung nicht aus den Tropen an den Nordpol? Was geschieht, wenn ein alter Kamerad diesen Saal betritt? Und wie entbehren Sie die früher gewohnte Debatte? Sie haben einmal den schönen Satz geschrieben: Wir sind stark, weil wir keine Freunde haben. –

Mussolini blieb in seinem Sessel unbeweglich, aber eine bestimmte und seltene Art, den Fragenden mit reinem, beinah kindlichem Blicke anzusehen, verriet mir eine innere Bewegung, die bei diesem Thema natürlich war. Ich sah bald, daß er kälter antwortete, als er empfand, und daß er noch die Hälfte verschwieg, als er langsam anfing:

„Ich kann keine Freunde haben. Ich habe keine. Erstens wegen meines Temperamentes, zweitens wegen meiner Anschauung von den Menschen. Deshalb entbehre ich weder die Intimität noch die Debatte. Kommt ein alter Freund nach langer Zeit zu mir, so ist die Peinlichkeit gegenseitig, hebt sich also auf. Von weitem verfolge ich die Bahn meiner früheren Kameraden."

– Und wenn sie Feinde werden und einen verleumden? fragte ich in Erinnerung an eigene Erfahrungen. Wer beweist Ihnen am meisten Treue? Und gibt es Angriffe, die Sie noch heut aufregen? –

Er blieb unbeweglich. „Sind aus Freunden später Feinde geworden, so kommt es darauf an, ob sie es öffentlich werden: dann bekämpfe ich sie. Andernfalls interessieren sie mich nicht. Als mich einige Mitarbeiter in der Zeitung anklagten, ich hätte Gelder für Fiume unterschlagen, – ja, da wurde diese Infamie ein Motor meiner Misanthropie. Die Treusten leben in meinem Herzen, aber meistens sind sie weit entfernt. Daher! Das sind die Leute, die nichts haben wollen, nur selten aus Begeisterung an diesen Tisch kommen und nur für einen Augenblick."

– Würden Sie diesen oder andern Personen Ihr Leben anvertrauen? fragte ich. Einige haben Sie lebenslänglich in den Gran Consiglio berufen. –

„Drei, und nur für drei Jahre", sagte er trocken.

– Bei dieser inneren Situation frage ich mich, wann Sie einsamer waren: als Jüngling mit schmachtenden Augen und bitteren Briefen, wo Sie und d'Annunzio sich ähnlich sahen, oder zwischen Ihren Parteigenossen, oder heute? –

„Heut," sagte er ohne Zögern. Und dann nach einer Pause: „Aber auch früher hat niemand Einfluß auf mich gehabt. Im Grunde war ich immer allein. Heut bin ich dazu mehr Gefangener als im Gefängnis."

– Wie können Sie das sagen! rief ich ihm ärgerlich zu. Niemand in der Welt darf das mit geringerem Rechte! –

Er wurde durch meine Erregung aufmerksam und fragte:

„Warum?"

– Weil niemand in der Welt die Macht mit größerer Freiheit handhabt! rief ich wieder. – Er machte eine beschwichtigende Bewegung und sagte:

„Ich grolle ja auch nicht mit meinem Schicksal. Aber in gewissem Sinn bleibe ich doch dabei: der Kontakt mit den menschlichen Dingen, das improvisierte Leben in der Menge ist mir in meiner Stellung heute versagt."

– Warum gehen Sie dann nicht einfach spazieren? –

„Da müßte ich mich maskieren, sagte er. Als ich einmal die Via Tritone entlangging, waren gleich dreihundert Leute um mich her, daß ich nicht mehr weiterkam. Aber ich ertrage sie gut, diese Einsamkeit."

– Wie können Sie dann die Menge der Gesichter ertragen, fragte ich, die hier täglich an Ihren Augen vorüberziehen? –

„Dadurch, erwiderte er, daß ich in ihnen nur sehe, was sie mir sagen. Meinen Geist lasse ich sie nicht berühren. Sie erschüttern mich nicht mehr als dieser Tisch und dieses Papier. Ich bleibe unter ihnen vollkommen einsam."

– Und bei all dem, fragte ich, fürchten Sie nicht das Gleichgewicht zu verlieren? Entsinnen Sie sich der Cäsaren, die da unten auf dem Forum während des Triumphzuges einen Sklaven in die Biga steckten, um sie an die Nichtigkeit aller Dinge zu erinnern? –

Er nickte lebhaft: „Dieser Junge mußte dem Cäsar suggerieren, daß er ein Mensch sei und kein Gott. Dergleichen ist heut nicht mehr nötig. Ich wenigstens habe solche Einbildungen nie verspürt und mich immer als äußerst sterblicher Mensch gefühlt, mit allen Schwächen und Leidenschaften.“ Dann fuhr er kühler fort: „Sie kommen wiederholt auf die Gefahr zurück, die im Mangel einer Opposition liege. Diese Gefahr bestände, wenn die Zeiten ruhig wären. Heut liegt die Opposition in den Problemen selber, in moralischen, ökonomischen: alle sind sie erschüttert, und das hält einen Führer immer wach. Außerdem – und er machte eine Pause –, außerdem erschaffe ich mir die Opposition in meinem Innern.“

– Ich höre Lord Byron, sagte ich. –

„Ich lese Byron und Leopardi immer, sagte er. Und wenn ich die Menschen satt habe, so gehe ich aufs Meer. Am liebsten lebte ich immer nur auf dem Meere! Kann ich das nicht, so halte ich mich an die Tiere. Ihr Seelenleben nähert sich dem des Menschen, und doch wollen sie nichts von ihm: Pferd, Hund und namentlich mein Lieblingstier, die Katze. Oder ich beobachte die wilden Tiere. Da sind noch elementare Kräfte der Natur!“

– Braucht man, fragte ich nach diesem misanthropischen Bekenntnis Mussolinis, braucht man zum Regieren wirklich mehr Menschenverachtung als Humanität? –

„Umgekehrt! sagte er lebhaft. Man braucht 99 Prozent Humanität und nur 1 Prozent Verachtung.“

Ich war überrascht, und um auch hier keinen Zweifel zu lassen, fragte ich nochmals: – Verdienen also die Menschen mehr Mitleid oder mehr Verachtung? – Er sah mich auf seine dunkle Art an und sagte leise:

„Mehr Mitleid. Viel mehr Mitleid.“

Persönlichkeit und Schicksal

Es war am Abend vor Ostern, alle Glocken Roms läuteten das Ave, ich erkannte die Glocke von Ara Coeli unter dem Kapitol, in dessen Nähe ich früher lange gewohnt hatte. Man war auf ein Gespräch über den Glauben gestimmt, und wirklich drangen die verführerischen Glocken bis in den hohen Saal, in dem wir unsere Gespräche hielten. Indessen hatte mich eine altruistische Wendung stutzig gemacht, die ich beim Blättern in Mussolinis Reden gefunden, und heute nicht das erstemal. Warum sprach der Condottiere immer vom Interesse der Gemeinschaft? Deshalb sagte ich zu ihm:

– Sie haben sich wiederholt in den schönsten Wendungen zur Steigerung Ihrer Persönlichkeit als Lebensziel bekannt: „Aus meinem Leben will ich ein Meisterstück machen" oder, „ich will mein Leben dramatisieren" haben Sie geschrieben und Nietzsches Königswort als Motto zitiert: „Lebe gefährlich!" Wie kann eine so stolze Natur dann schreiben: „Mein höchster Zweck ist das Interesse der Öffentlichkeit". Ist das nicht abstrakt? –

Er blieb vollkommen unbewegt.

„Ich sehe keinen Widerspruch, sagte er. Es ist vielmehr durchaus logisch. Das Interesse der Öffentlichkeit ist eine dramatische Sache. Indem ich ihm diene, vervielfältige ich doch mein Leben."

Ich war betroffen, denn dagegen ließ sich nichts sagen, aber ich zitierte ihm noch seine Worte: „Ich hatte immer eine altruistische Vision des Lebens".

„Sicher, sagte er. Niemand kann sich von der Menschheit loslösen. Das ist etwas Konkretes: die Humanität der Rasse, in der ich geboren bin."

– Die lateinische, unterbrach ich, also auch die französische. –

„Ich sagte Ihnen ja, fiel er lebhaft ein, Rassen gibt es nicht! Das ist eine Illusion des Geistes, ein Gefühl. Ist es darum weniger?"

– Danach, sagte ich, könnte man sich also eine Rasse auch wählen? –

„Das kann man.“

– Nun, ich habe das Mittelmeer gewählt und habe Nietzsche als großen Verbündeten. –

Der Name schien in ihm nachzuklingen, denn jetzt sagte er, ohne äußeren Zusammenhang:

„Strebe ich denn nach meinem Glücke? Ich strebe nach meinem Werke!“ So zitierte Mussolini in reinem Deutsch Nietzsches stolzestes Wort.

Ich machte deutlich, daß diese Gedanken von Goethe herkämen und fragte ihn, ob er nicht Goethes Idee teile, daß die Schläge des Schicksals den Charakter bilden.

Er nickte und sagte: „Meinen Krisen und Schwierigkeiten verdanke ich, was ich bin. Deshalb muß man sich immer ganz einsetzen.“

– Und deshalb fliegen Sie, auf die Gefahr, sich und Ihr Werk durch ein überflüssiges Wagestück zu zerstören? –

„Das Leben hat einen Preis, sagte er mit fester Stimme. Man muß es immer wieder riskieren. Ich ginge auch heute wieder in die Schlacht.“

– Nach dieser Logik dürften Sie sich auch nicht schützen, sagte ich. –

„Tu' ich auch nicht“, erwiderte er.

– Wie! rief ich aus. Sehen Sie nicht, daß immer wieder einer von Ihren Feinden sein eigenes Leben wagt, um das Ihrige zu rauben?“

Er blieb gänzlich unbewegt. „Ich kenne diese Logik. Ich weiß auch, was man verbreitet: daß ich von tausend Polizisten bewacht werde und jede Nacht wo anders schlafe. Ich weiß. Ich schlafe aber jede Nacht in der Villa Torlonia und fahre und reite aus, wann und wohin mir's paßt. Wenn ich an meine Sicherheit denken müßte, würde ich mich gedemütigt fühlen.“

– Sie haben sich neulich einen Fatalisten genannt, sagte ich. Morgen ist Ostern, und gewisse Erwägungen lassen sich in dieser Stimmung schwer bannen. Sie haben aus Ihrer Jugend berichtet, wie schlecht Sie Orgel und Kerzen ertragen konnten, aber in Ihrer ersten Kammerrede haben Sie

Gottes Beistand angerufen; nach Ihrer eigenen Darstellung sogar auf jener historischen Fahrt von Mailand nach Rom. Kann ein Schüler Macchiavellis und Nietzsches glauben? –

„An sich selbst, das wäre schon etwas,“ sagte er rasch und lächelte. Dann lehnte er sich in den Lichtkreis der Lampe vor und fuhr, mehr systematisch als pathetisch fort: „Ich will Ihnen meine Entwickelung erklären. In der Jugend glaubte ich nichts. Ich hatte vergebens Gott angerufen, er möge meine Mutter retten, und sie war doch gestorben. Außerdem ist mir jedes Mystische fremd, Farben und Töne des Klosters, in dem ich erzogen wurde. Ich schließe aber so wenig wie Renan völlig aus, daß in den Millionen Jahren einmal eine überreale Erscheinung stattgefunden haben kann, daß also die Natur göttlich sei. Aber ich habe es nicht gesehen. Es kann auch sein, daß in weiteren Millionen Jahren eine ähnliche Erscheinung sich wiederholt. Das könnte sogar im Bereiche der Naturgesetze bleiben, wie die Schwerkraft, wie der Tod. In späteren Jahren hat sich der Glaube in mir befestigt, daß es eine göttliche Kraft im Universum gäbe.“

– Eine christliche? –

„– Eine göttliche“, wiederholte er mit einer Handbewegung, die meine Frage in der Schwebe ließ. „Die Menschen können Gott in vielen Arten anbeten. Man muß jedem durchaus seine Art überlassen.“

– Gut, sagte ich. Was ich aber nicht verstehen kann, das ist der Ausweg eines Fatalisten aus dem Widerspruch mit seiner Tätigkeit. Der Vater Friedrichs des Großen, ein viel zu gering geschätzter Mann, sagte: „Prädestination! Als ob der Mensch eine Statue wäre!“ Welchen Ausweg haben Sie aus dem Dilemma gefunden, das schon die antike Tragödie behandelt: warum soll der Mensch handeln, wenn das Schicksal ihn doch eine vorgesetzte Straße führt? –

Mussolini schien hier gar kein Problem zu sehen, denn er gab mir die männlich-schöne Antwort:

„Man muß mit dem Willen gegen den Fatalismus reagieren. Das ist ein interessanter Kampf. Der Wille muß das Terrain vorbereiten, auf dem das Schicksal sich entfalten soll."

– Und was bedeutet in diesem Kampf der Ruhm? fragte ich weiter. Ist der Ruhm nicht der stärkste Motor für einen Regierenden? Ist er nicht das einzige Mittel gegen den Tod? Haben Sie ihn nicht seit der Knabenzeit vor sich gesehen und vielleicht Ihr ganzes Werk an ihn geknüpft? –

Mussolini blieb ganz kühl. „Ich habe ihn nicht als Knabe vor mir gesehen, sagte er, und halte ihn nicht für den stärksten Motor. Daß es ein Trost ist, nicht ganz zu sterben, darin haben Sie recht. Ich selber habe mein Werk keineswegs allein auf den Ruhm gegründet. Die Unsterblichkeit ist das Pfand des Ruhms. Aber sie kommt – nachher." Er macht eine realistische Bewegung in eine unkontrollierbare Ferne.

– Neulich, sagte ich, habe ich hier bei einem Mann an der Wand einen Spruch gelesen, der mich erschütterte: Oltre il destino!

„War das ein Mann, der das Schicksal schon einmal herausgefordert hatte?"

– Allerdings, sagte ich und nannte den Namen eines großen Fliegers. –

„Das ist nicht mein Spruch, sagte Mussolini. Niemand darf das Schicksal zweimal herausfordern. Übrigens stirbt jeder den Tod, der seinem Charakter entspricht."